나 때문에 힘든 나에게

나 때문에 힘든 나에게

불안에서 벗어나는 **관계와 애착의 심리학**

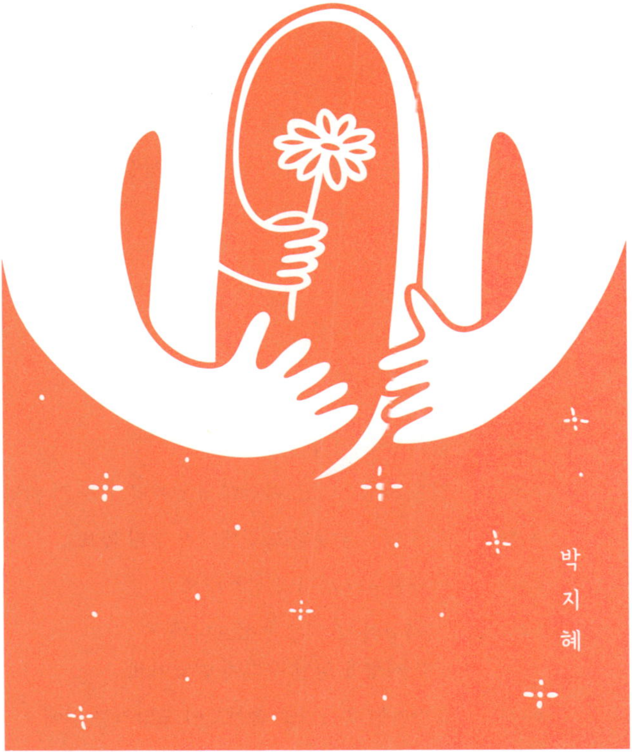

박지혜

차례

p.008 프롤로그
관계로 힘들어하는 사람들을 만나며

1) 모든 것은 관계로 통한다

p.018   **1.1** 손절의 사회

p.024   **1.2** 혼자서 모든 것을 잘 하고 싶어요

p.031   **1.3** '인생은 혼자다'라고 말하는 사람들에게

p.036   **1.4** 친구는 다다익선일까?

2) 나의 사랑 돌아보기

p.040   **2.1** 항상 나쁜 여자만 만나요

p.045   **2.2** 진짜 사랑한다면, 나한테 올인해야 되는 거 아닌가요?

p.054   **2.3** 길게 연애를 못하고 권태기가 빨리 와요

p.059   **2.4** 여자친구의 과거에 집착해요

p.067   **2.5** 그 사람이 날 외롭게 했으니까
        다른 사람을 만날 수밖에 없었어요

p.071   **2.6** 도망가면 쫓아가고 쫓아오면 도망가는 연애

3) 나의 관계 돌아보기 / 넓은 의미의 사랑 /

p.082 3.1 친구들이 모두 저를 질투해요

p.088 3.2 아이와 스킨십이 부담스러워요

p.093 3.3 엄마에게 죄책감이 들어요

p.097 3.4 집이 삭막하고 외로워요

p.101 3.5 거절이 어려워요

p.104 3.6 평판이 좋은 나, 실은 공허하고 외로워요

p.108 3.7 상사와 자꾸 싸우게 돼요

4) 왜 관계가 어려울까 / 애착편 /

p.114 4.1 도대체 관계는 왜 어려운가요

p.121 4.2 나의 애착 유형 추측해보기

p.123 4.3 **안정형** | 따로, 또 같이. 나도 너도 충분한 사람

p.128 4.4 **불안형** | I'M NOT OK, YOU'RE OK

p.145 4.5 **회피형** | I'M OK, YOU'RE NOT OK

p.160 4.6 **혼란형** | I'M NOT OK, YOU'RE NOT OK

5 왜 관계가 어려울까 / 사회문화적 요인 /

p.172 5.1 나는 특별하니 그만한 대우를 받아야 해

p.178 5.2 관계는 후순위인 사회

p.182 5.3 여유 없음

p.185 5.4 도태에 대한 불안감

6 건강한 관계를 위한 전제 조건

p.190 6.1 관계를 잘하는 방법

p.195 6.2 자존감이 관계에 도움이 된다고?

p.204 6.3 감정 조절력 기르기

p.209 6.4 정신화 능력 기르기

7 사랑의 태도

p.216 나도 도파민 사랑형? 사랑의 개념 재정립하기

p.219 역사의 조우

p.220 사랑의 바다에 뛰어들기

p.222 믿음을 선언하다

p.223 사랑은 생명체다

p.225 존경에서 시작되는 사랑

p.226 나와 너의 균형찾기: 나, 너 그리고 우리

8 관계 훈련

p.230 8.1 친해지기

p.242 8.2 잘 싸우기(건강하게 갈등하기)

p.258 8.3 경계 세우기

p.266 8.4 잘 이별하기

p.272 **에필로그**
나답게 사랑하고 살아가길

프롤로그

관계로 힘들어하는 사람들을 만나며

인간은 누구나 관계 속에서 살아갑니다. 가족, 친구, 연인, 동료 등 우리는 끊임없이 타인과의 관계를 맺고, 그 속에서 기쁨과 슬픔, 사랑과 상처를 경험합니다. 그러나 관계를 맺는 일은 결코 쉽지는 않습니다. 어떤 관계는 우리를 위로하고 성장할 수 있게 하지만, 어떤 관계는 깊은 상처를 남기기도 하니까요.

10대 시절 저는 환경에 곧잘 적응하는 아이처럼 보였지만, 관계 맺기가 쉽지 않았습니다. 그룹에 속해 있었지만, 소풍 가는 날이 되면 괜히 불안했습니다. 내 옆에 앉아줄 짝꿍이나 놀이기구를 함께 타줄 친구가 없을지도 모른다는 걱정을 했던 기억이 생생합니다. 어떻게 친구와 깊은 우정을 만들어야 하는지 몰랐습니다. 저의 부모님은 내향적인 편이셔서 두 분으로부터 사회적인 기술을 적절히 배우진 못했습니다. 그렇게 어정쩡하게 10대를 보냈습니다. 공허한 마음으로 학교를 오갔던 기억이 납니다. 20대 시절엔 연애를 많이 했습니다. 주변 사람들은 연애를 잘하는 사람이라고 저를 평했지만, 돌이켜보면 연인과의 관계도 서툴기 짝이 없었습니다. 연애에서 사랑을 받을 줄은 알았지만, 사랑을 줄 줄은 몰랐습니다. 그런 자아도취적 연애를 반복했던 것 같습니다. 이렇게 관계로 분투했던 경험이 상담사라는 직업을 선택하는 데 무의식적으로 영향을 주었을지도 모르겠습니다. 관계 맺기가 남들보다 어려웠던 아이가 어른이 되어 내린 결론은 '그럼에도 관계는 중요한 것이고, 포기하지 말아야 할 가치'라는 것입니다. 현재 저는 관계로 힘들어하는 사람들을 만나며, 함께 고민하고 공감하고 성장하고 있습니다.

현대 사회는 점점 더 개인화되고 있습니다. 각자의 성공과 성취에 몰두하면서, 정작 중요한 관계는 소홀히 하게 되는 경우가 많습니다. 그러나 인간은 본질적으로 사회적 존재입니다. 우리는 타인과의 관계 속에서 자신을 발견하고 성장하며, 삶의 의미를 찾아가기 때문입니다.

'저는 원체 인간에 그리 관심이 없습니다. 제 일만 잘하면 돼요.'

이런 생각을 하는 사람도 있을 것입니다. 이 부분도 인정합니다. 거의 모든 인간은 관계 맺을 대상을 필요로 하지만, 극소수의 사람들은 선천적으로 관계에 관심이 없는 듯 보입니다. 그렇지만 관계에 관심이 없는 사람일지라도, 삶에 적응하기 위해서는 관계를 잘하는 능력이 필요합니다. 사람과의 관계는 모든 곳에 필요하고 중요하기 때문입니다.

'저는 연구직이라 사람을 안 만납니다.'라고 반문할 수도 있습니다. 그러나 관계는 도처에 널려 있습니다. 새롭게 만나야 하는 고객이 아니더라도 직장에서 늘 마주하는 상사, 동료와의 관계를 생각해보세요. 실제로 제가 운영하는 상담소에 직장 스트레스로 내방하시는 분들이 많습니다. 그런데, 막상 상담을 진행해보면 업무 스트레스보다 직장 내 인간 관계로 스트레스를 호소하는 비율이 월등히 높았습니다.

심지어 업무 스트레스라고 생각되는 부분도 잘 들여다보면 인간 관계와 얽혀 있는 경우가 많습니다. 예를 들어, 자신의 업무 역량이 충분히 인정받지 못한다는 느낌도, 결국 '타인'의 평가와 관련되는 문제입니다.

직장생활에서 관계를 어떻게 맺어가는지에 따라 자신의 역량을 더 인정받을 수도 있습니다. 직장에서 관계를 잘하는 사람은 상사나 동료로부터 긍정적 평가를 받아 더 주요한 업무에 배정될 수 있고, 직업적 잠재력을 실현할 가능성이 높아집니다. 결국 우리는 어떻게든 사람들과 부대끼며 살아가야 합니다. 혼자서 작업하는 작가일지라도 읽는 사람들의 마음을 얻어야 하니까요.

관계가 삶의 문제를 해결할 수 있는 중요한 열쇠라면, 이 열쇠를 놓지 말아야 합니다. 관계를 어떻게 풀어나갈 것인지 직면하고 다루어 나갈 시점입니다. 이 책에서는 연인 관계, 가족 관계, 친구 관계, 직장 관계 등 다양한 관계에서 나타나는 어려움을 실제 사례들을 통해 살펴볼 것입니다. 그리고 관계가 어려운 원인을 찾아보고, 돌파구를 함께 모색해볼 것입니다.

인간이 '혼자서 행복하기'란 본질적으로 거의 불가능합니다. 사람들이 돈에 집착하는 이유도 돈이 제1의 가치라서가 아니라, 돈을 벌어서 내 가족을 책임지고 사랑하는 사람들에게 행복을 주고 싶어서인 경우가 많습니다. 주변의 모두와 관계를 잘하고 싶어 이 책을 펼친 것은 아닐 겁니다. 우리에게 가장 소중한 사람들과의 관계를 잘 맺어가고 싶을 것입니다. 그런데 참 이상합니다. 한 번 보고 마는 관계보다 당장 내 옆의 연인, 남편, 딸, 엄마와의 관계가 참 어렵거든요. 어디서부터 풀어가야 할지 막막해하는 얼굴들이 보이는 것 같네요. 지금까지 상담에서 마주한 그 수많은 얼굴들이 겹쳐 보입니다. 물론 상념에 잠긴 10대, 20대 시절의 제 얼굴도요.

  이 책은 여러 종류의 상담 사례들을 적절하게 섞어 구성하였습니다. 즉 실제 진행한 사례들의 조각조각을 모아 붙이고 상상을 더해 새로운 허구의 사례를 만들었다고 볼 수 있습니다. 이는 내담자의 개인 정보 보호와 비밀 보장을 위해서입니다. 책에 제시된 사례는 특정 인물의 이야기가 아님을 다시 한번 밝힙니다. 더불어 학술적인 내용은 최대한 배제하고, 이해하기 쉽고 편하게 읽어 내려갈 수 있도록 노력하였습니다. 사례를 읽다보면 자신의 이야기, 친구의 이야기, 연인의 이야기 같을 수 있습니다. 편안하게 읽어 내려가며 자신의 상황과 비교해보고, 실제 삶에 적용해볼 수 있길 바랍니다.

  1장에서는 관계가 필요한 이유에 대해 다루었습니다. 관계가 우리의 삶에서 어떤 역할을 하는지, 왜 그것이 필수적인지에 대해 설명하였습니다.

2장은 사랑에 대한 이야기입니다. 이 장에서는 사랑이란 무엇인지, 왜 사랑이 우리 삶에 중요한지를 탐구하며, 사랑에서 겪는 다양한 문제들을 심도있게 다루었습니다.

3장은 보다 확장된 사랑에 대해 이야기합니다. 우정, 가족, 직장 동료, 세계와의 사랑에 대한 이야기입니다. 이 장에서는 이러한 관계에서 발생하는 문제들, 그리고 그 문제를 어떻게 해결할 수 있을지에 대한 구체적인 조언을 제시하였습니다.

4장에서는 애착 이론을 바탕으로, 어린 시절 경험한 관계가 성인이 된 이후에도 얼마나 큰 영향을 미치는지에 대해 설명합니다. 또한, 자신의 애착 유형을 파악하고, 그것을 바탕으로 관계를 개선하는 방법을 구체적으로 안내하였습니다.

5장에서는 관계에 영향을 미치는 사회문화적 요인을 다루었습니다. 사회문화적 요인이 관계에 어떤 영향을 미치는지, 그리고 이러한 영향을 극복하기 위해 우리가 할 수 있는 것들에 대해 다루었습니다.

6장은 건강한 관계를 유지하기 위한 전제 조건들을 제시하였습니다. 자존감, 감정 조절, 정신화 등 관계를 성공적으로 유지하기 위해 필요한 요소들을 강화하는 방법을 안내하였습니다.

7장에서는 사랑의 태도에 대해 논의하였습니다. 사랑은 단순한 감정이 아니라, 선언이며 실천입니다. 이 장에서는 진실된 사랑을 위해 필요한 태도와 실천을 제시하였습니다.

마지막으로 8장에서는 구체적인 관계 기술을 소개하였습니다. 어떻게 타인과 친해질지, 갈등할지, 나를 보호할지, 건강하게 이별할지에 대한 구체적 지침을 제시해보았습니다.

이 책이 '관계 근육'을 건강하게 만들어주는 도우미가 되길 바라봅니다. 이 책을 발판 삼아 건강하게 '관계 홈트레이닝'을 해보길 바랍니다. 책을 읽는 것만으로 부족하다면, 1:1 전문가의 도움을 받을 수도 있습니다. 이 책을 읽고 있는 모든 정민이들(본문 속 1장 '손절의 사회' 편에 등장하는 가명의 인물)의 성장을 진심으로 응원합니다.

CHAPTER
01

모든 것은

관계로 통한다

1.1

손절의 사회

정민 씨는 30대 초반의 남성으로 큰 키, 말쑥한 옷차림을 하고 있었다. 그는 경계하는 눈빛으로 주뼛거리다가 이내 자리에 앉았다.

"반갑습니다. 어떤 고민이 있어서 이렇게 오시게 되셨나요?"

분위기를 편안하게 해드리고자 따뜻한 미소를 지어 보이며 정민 씨에게 먼저 말을 건넸다.

"…(침묵)… 관계가 어렵습니다."

'관계라…'

내담자가 호소하는 문제는 대부분 관계와 연결되어 있다

고 생각하기에 고개를 살짝 끄덕이며, 조금 더 몸을 정민 씨 쪽으로 기울였다.

"음, 그렇군요. 관계가 어렵다고 하셨는데, 조금 더 이야기 해주실 수 있을까요?"

"아…. 친구가 하나도 없습니다."

'아뿔싸, 친구가 하나도 없다고?'

내 머릿속에 경고음이 울렸다. 사회적 지지원[1]은 인간이 건강하게 기능하는 데 매우 중요하기 때문이다. 인생을 살아가다 보면 좋은 일만 있을 수는 없다. 개인적인 생각으로도 인생은 고통 쪽에 가까운 것 같다. 그 안에서 소소하고 빛나는 일상을 발견해가는 것은 우리의 몫이고. 삶에서 힘든 일, 슬픈 일, 화나는 일, 억울한 일 등 다양한 크고 작은 어려움을 겪게 되는데 이때 사회적인 지지원은 이러한 어려움을 잘 버티어 나가는 데 핵심적인 요소가 된다. 게다가 인간은 외로움, 고독감을 필연적으로 경험할 수밖에 없는데[2], 실존적 외로움을 완전히 소거시킬 순 없더라도 외로움을 함께 공유하고 나눌 사람, 연결감을 느낄 사람이 필요하다. 정

---

[1] 가족, 교사, 친구, 연인 등 개인에게 정서적 지지와 도움을 제공하는 사람들
[2] 모든 인간은 죽음 앞에서 단독자이기 때문이다. 아무리 가까운 사람도 내 죽음을 함께 해줄 수는 없다. 죽음이라는 과정을 감당하는 것은 오롯이 내 몫이 된다. 관련 내용이 더 궁금하다면 실존주의 관련 도서를 읽어보길 추천한다.

민 씨는 말 그대로 외로움에 몸부림치고 있었다.

"회사 생활도 그럭저럭 잘하고 있는데, 일, 집, 일, 집뿐인 제 인생이 너무 무료합니다. 어떻게 친구를 사귀어야 할지, 깊어져야 할지도 모르겠네요."

'30년 동안 한 번도 친구를 만들지 않았다는 걸까?'

자연스레 궁금해졌다.

"음, 그래요…. 정민 씨에게 학창 시절이나 대학교 친구들은 있었을 것 같은데, 살면서 친하게 지냈던 친구들은 없었을까요?"

"아…. 있었는데 지금은 다 손절했어요."

'이런, 또 손절이구나.'

최근 들어 내담자들 입에서 손절이라는 단어가 자주 나온 터였다. 상담을 마치고 손절을 검색해보니 'OOO 경우, 손절하세요!', 'OO 같은 사람은 손절이 답이다!'와 같은 글과 영상이 많았다. 언제부터 손절이 유행이 된 걸까? 손절이라는 단어가 쉽게 쓰이는 게 마음에 걸린다. 손절이라는 단어에선 관계의 소중함을 느낄 수 없기 때문이다.

정민 씨는 자신을 무시하는 것 같거나 무례하거나 자신을 소중하게 여기지 않는다고 느껴지는 친구들을 하나씩 손절했다. 그러다 보니 그나마 얼마 없던 친구들까지 전부 손절하게 되었고 결국 남아있는 친구가 한 명도 없게 되었다.

모든 것은 관계로 통한다

사람을 사귀는 능력도 중요하지만, 기존에 만들어놓은 관계를 잘 유지하고 깊이를 더하는 것 또한 매우 중요하다. 현대 사회는 관계를 맺는 능력치를 올려주지는 못할망정, 관계의 무의미함을 강조하며 안 맞으면 끊어버리라고 너무 쉽게 말하는 것 같다.

'손절'이라는 단어가 유행하게 된 까닭은 무엇일까? 인간에게 관계가 너무 중요하기 때문이다. 인간에게 관계가 중요하지 않다면, 상처받을 일도 없을 것이다. 우리가 상처를 어디서 받는지 곰곰이 생각해보자. 무관심한 대상에게서는 큰 상처를 받지 않는다. 반면 우리에게 중요한 것이 어그러지거나 실패했다고 느낄 때 큰 상처가 된다. 즉, 관계가 쓸모가 없고 불필요해서 '손절'이란 단어가 나온 게 아니라, 너무 중요하다 보니 상처가 커지고 그 상처를 어떻게 다뤄야 할지 몰라 결국 손절이라는 답에 도달한 듯하다. 물론 상황에 따라 나를 힘들게 하고 나를 존중하지 않는 파괴적이고 침범적인 관계는 끊어낼 필요도 있다.

다시 말해, 모두와 손절하지 말라는 이야기가 아니다. '손절을 해야 하는가, 말아야 하는가'의 문제라기보단 그 과정에서 충분히 고민하고 조율해 보고 내린 결정인지가 중요하다. 충분히 고민하고 후회 없이 손절했다면 그 선택 또한 건강한 선택이다.

'어? 이 사람 나한테 선 넘네? 손절각!'이 아니라 충분히 조율해 보고 거리를 조금씩 두다가 이내 끊어내는 그 일련의 과정이 매우 중요하다. 이처럼 관계 조율을 잘하는 사람을 '관계 능력이 좋은 사람, 관계를 잘하는 사람'이라 칭한다.

특정 시기에는 무척이나 나에게 중요하고 소중하고 좋았던 대상이 어느 시기에는 나에게 해가 될 수도 있다. 그러다 시간이 더 흘러 두 사람이 성숙해져서 다시 예전의 깊은 관계로 돌아갈 수도 있다. 그런데 손절은 이러한 '가능성'을 차단해버린다. 그리고 '관계하는 법'을 배울 수 없게 만든다. 관계하는 법을 배우기도 전에 손절로 회피해버리기 때문이다.

정민 씨도 자신을 무시하거나 존중하지 않는 것 같은 친구들과 연락을 하나씩 끊어왔는데, 30세가 넘어가니 자신의 관계 방식을 되돌아보게 된 것이다. 퇴근 후 맥주 한잔 마시자고 연락할 친구 한 명이 없는 자신을 보면서 외롭고 공허하고 자신이 바란 건 이런 게 아니라는 마음이 든다. 다시 생각하니 '걔랑 정말 잘 맞았었는데, 그때 우리 참 좋았었는데.' 하며 아쉬운 친구들의 얼굴도 하나둘씩 생각난다. 하지만 정민 씨가 먼저 끊어버린 이상 어떻게 연락해야 할지 막막하고 갑갑하다. 새로운 친구를 만들자니, 진득하니 친구를 사귄 적이 없어 '잘 사귈 수 있을까? 잘 맞춰갈 수 있을까? 날 좋아할까?'라는 의문이 들며 자신감이 사라지고 위축된다. 관계 맺기 능력이 아직 아이 수준에 머물러 있는 것이다. 이제 하나씩, 하나씩 관계하는 법을 배워나가고 다양한 경험들을 쌓아가야 할 것이다.

　이 글을 읽고 있는 독자분들도 자신의 얘기인 것 같아 걱정스러운 마음이 들 수 있다. 다행인 점은 '관계력'은 키울 수 있다는 것이다. 우리 몸을 보면 사람마다 신체적 특성이 제각각 다르다. 어떤 사람은 상체가 탈달해 있고 어떤 이는 하체가 발달되어 있다. 또한 개인마다 약한 신체 부위가 있고 근육이 잘 생기지 않는 부위가 있다. 그 약한 지점을 정확히 알아내서 그 근육을 키워낸다면, 신체가 조화를 이루게 되고 건강하게 된다. 마음도 마찬가지다. 일도 잘하고 똑순이 소리를 듣고 살아도 관계는 영 어려울 수 있다. 일을 잘하려면 수년의 노력이 필요하듯이 관계를 잘하기 위해서도 오랜 기간에 걸친 노력이 필요하다. 지금까지 마음에 신경을 못 써주었다면, 이제부터 관심을 기울이고 단단하게 마음 근육을 만들어보자.

1.2

혼자서 모든 것을 잘하고 싶어요

"저는 왜 남에게 자꾸 의존하고 기대려 해서 상처를 받을까요? 혼자서도 잘 살면 좋을 텐데요."

민하 씨가 말했다.

"음, 혼자서 잘 서는 것도 중요하지만, 그렇다고 타인이 불필요한 건 아니지 않을까요? 나를 잃지 않으면서도 함께할 수 있지요."

내 말이 끝나기 무섭게 내담자는 발끈해서 답했다.

"매번 상처받고 버림받는데 기대하는 제가 너무 구질구질하단 말이에요. 그런 제가 징글징글하게 느껴져요."

민하 씨는 사람들과 연결되려고 애쓰는 자기 모습을 혐

오하는 듯했다. 사람들은 자신을 소중히 대해주지 않는데, 그런 그들에게 매달리는 자신의 모습이 비참할 수 있다. 그런데 '날 버리는 타인'이라는 세계관이 실제인지는 확인해 보고 검토해봐야 할 일이다. 민하 씨는 자신의 세계관, 즉 세상을 보는 안경을 점검하기보단 도망치기를 선택하고 싶다. 혼자 잘 산다면, 깔끔하게 쿨하게, 아픔 없이 살아갈 수 있을 텐데!

완전히 혼자서 기능하는 인간이 있을까? 가능할 수는 있다. 다만 인간으로서 누리는 주요한 가치인 친밀감, 연결감을 느낄 수 없다. 우리는 사랑하는 가족 또는 친구, 연인 등 타인과 마음을 나누는 과정 안에서 기쁨과 삶의 의미를 느낀다. 영화 〈에드 아스트라〉[3]에서 로이(브래드 피트)는 타인에게 마음을 내주지 않는 사람이다. 그에게는 관계는 하찮은 것이다. 반면 우주를 탐험하며 미지의 세계를 개척하는 일은 원대하고 의미 있는 일이며 희망을 발견하는 일이다. 그러나 특명을 갖고 우주에서 고군분투하던 그가 내린 결론은 매우 철학적이다. 결국 삶의 희망은 원대한 미래에 있는 것이 아니라, 내 옆의 소중한 사람에거서 발견된다는 것을.

---

[3] 제임스 그레이 감독의 SF 스릴러 영화로, 해왕성으로 생명체를 찾아 떠난 아버지의 임무가 실패하자 20년 뒤, 무슨 일이 있었는지 알아내기 위해 우주로 떠나는 로이(브래드 피트)의 이야기다.

영화는 다음과 같은 로이의 마지막 대사로 막을 내린다. '난 살아갈 거고 사랑할 겁니다.'

혼자서 모든 것을 잘하는 인간이 되고자 하는 마음은 뭘까? 다시 한번 말하지만, 관계가 중요한 사람이어서일 것이다. 관계가 너무 중요하다 보니 관계에 많은 마음을 주게 되고 그 마음을 돌려받지 못하자 상처받는다. 내 마음이 상대방에게 짐이 되기도 하고, 나의 마음을 이용하는 사람을 만나기도 한다. 그 과정에서 상처가 조금씩 누적되어, '사람에게 기대면 안 되는구나. 기대면 상처받는구나. 나를 온전히 사랑해줄 이는 없구나.'라는 결론에 이르고, 혼자이기를 다짐한다.

민하 씨의 어머니는 아버지와 자주 다투셨다. 그럴 때마다 어머니는 민하 씨에게 아버지의 흉을 봤다. 아버지와의 갈등으로 우울하고 무기력해 보이는 엄마를 보면서 함께 우울했다. 한편으론 엄마를 지켜주고 싶었다. 문제는 민하 씨는 고작 초등학교 1학년생이었다는 것이다. 초등학교 1학년, 8세의 아동은 말 그대로 아이다. 부모의 돌봄과 보살핌을 받아야 하며, 지도 편달과 적절한 교육이 필요한 아이. 그런 아이에게 엄마는 어른들의 이야기, 부부 사이의 이야기를 날것 그대로 뱉어냈다. 엄마 자신이 심리적으로 성숙하지 못했기에 나온 행동이었다. 엄마와 밀착된 관계를 맺은 결과, 민하 씨는 엄마가 속상하면 자신도 속상했고 엄마가 기쁘면 자신도 기뻤다. 엄마의 감정을 신경 쓰며 눈치 보는 아이가 되어 있었고, 아빠와 엄마의 중재자이자 엄마의 보호자가 되어 있었다. 이렇게 어렸을 때부터 엄마의 삶과 엄마의 정서에 신경을 쓰다 보니 자신만의 세계를 만들 기회가 없었다. 자신이 무엇을 좋아하는지, 어떤 삶을 꿈꾸는지, 어떤 감정을 느끼는지, 나는 어떤 가치관을 가진 사람인지…. 엄마도 아빠도 자신들의 삶을 살기에 급급하고 자신들의 결핍과 씨름하느라 민하 씨에게 질문하지 않았다. 엄마가 아빠 때문에 힘들어하면서도 가정을 지키는 모습을 보며, 민하 씨는 자신 때문에 엄마가 이혼하지 못하고 불행하게 산다는 죄책감을 느끼며 자랐다. 결과적으로 민하 씨는 미약한 정체감과 낮은 자존감을 갖게 되었다.

최초의 대상인 주 양육자와 어떤 관계를 맺었는가? 우리가 관계를 맺는 방식은 주 양육자와의 관계 양식에 기반을 둔다. 주 양육자는 나를 물리적으로, 정서적으로 생존하게 하는 대상이다. 따라서 자녀는 부모에게 적응할 수밖에 없다. 예를 들어, 남편 문제로 힘들어하는 엄마의 모습을 계속 지켜본 자녀는 엄마를 돌보는 역할을 맡게 된다. 그리고 성인이 되어서도 연인을 돌보고 구원하는 자가 되려고 한다. 이처럼 최초의 관계는 관계의 원형이 된다. 앞으로 마주할 관계들은 관계의 원형을 기반으로 수없이 변주된다. 민하 씨는 엄마와 맺었던 밀착된 관계가 너무나 익숙하기에, 이후 관계에서도 공생하는 관계 방식을 선택하게 된다.

너와 나의 경계가 허물어진, 밀착된 관계 양식을 채택한다면, 어떻게 될까? 상대방에 대해 많은 기대를 하게 되고 그만큼 많은 실망과 상처를 경험하게 된다. 상대방은 절대 나와 같을 수 없는데 '우리는 하나야'라는 사고를 하니, 실망스러울 수밖에 없다. 나와 다른 생각, 감정을 느끼는 상대방을 이해할 수 없다. 더불어, '네가 나'인 만큼 상대가 너무 중요하게 지각되기 때문에 내 주장을 하기 어렵고 상대방에게 맞춰주기에 급급하다.

관계는 상호의존적이다. 누구를 만나느냐에 따라 조금씩 다르게 행동하는 자신을 발견한 적이 있을 것이다. 이처럼 상대방이 어떻게 행동하냐에 따라서 내 행동과 반응이 달라진다. 상대방도 마찬가지로 나의 행동에 영향을 받는다. 자꾸만 상대의 눈치를 보고 맞추게 되면, 상대방은 나에게 더 많은 것을 요구하게 되고 더 자기중심적으로 행동하게 된다. 상대방이 악인이라서가 아니라 관계라는 특성이 그러하다. 실제로 우리도 누구에게는 악인이고 누구에게는 선인이지 않은가?

엄마가 아빠와의 갈등으로 고통스러워할 때, 민하 씨는

이러다 엄마가 자신을 떠나지 않을까 불안했을 것이다. 무의식 속에는 버림받을 것에 대한 두려움이 자리잡았을 것이다. 엄마에게 조금의 짐이라도 주지 않기 위해 항상 씩씩하고 착한 딸이 되려 노력했다. 그 결과, 스스로를 짐처럼 느꼈던 과거의 경험이 민하 씨의 몸속 깊이 박혔다. 지금도 민하 씨는 관계에서 짐이 되지 않기 위해 애쓴다. 애쓰다 보면 내 주장은 할 수 없고 상대방은 점점 더 이기적으로 자기주장만 해 나간다. 쌓이고 쌓여서 곪아 터져버리는 상황이 오면, 상대방은 안 그러던 애가 갑자기 분노를 폭발하니 받아들이기 어려워한다. 타인에게 큰 상처를 입게 되는 일이 반복되자 민하 씨는 비참함을 느끼고 관계에서 도망치기를 선언한다.

민하 씨는 관계가 중요한 사람이다. 그런데 관계 욕구가 유년기에 충분히 충족되지 않았다. 엄마에게 받고 싶었던 돌봄, 따뜻함, 깊은 공감과 사랑이 결핍되었다. 그러한 결핍에 익숙해진 민하 씨는 여전히 충분히 사랑받지 않는 관계를 반복한다. 그렇다면 민하 씨가 그토록 원했지만, 받을 수 없었던 '좌절된 욕구'를 포기하는 것이 답은 아니다. 내 욕구를 포기하는 것이 아니라 어떻게 건강하게 충족시켜 나갈 수 있는지 찾아가야 할 것이다. 그것이 주체적이고 생동하는, 살아있는 삶일 것이다. 적극적으로 자신의 욕구를 알아차리고 찾아가는 삶 말이다. 나의 삶인데 내가 원하는 욕구를 포기한다는 것은 너무 아쉬운 일이다.

따라서 나는 '혼자서 잘 살고 싶다'는 내담자의 말을 액면 그대로 받아들이지 않는다. '함께하고 싶으나 함께하는 것은 너무 비참해요. 상처가 되어요.'라는 감추어진 의미를 듣는다. 관계 속에서 상처를 덜 받을 수 있고 더 큰 행복감, 친밀감을 느낄 수 있다면 민하 씨는 '관계하기'를 선택할 것이다. '혼자 잘 살기'가 아닌, '함께 잘 살기' 쪽으로 눈을 돌려보자. 다만 함께 잘 살기 위해서는 혼자서 바로 서는 경험이 필요하다. 자신이 단단해져야 한다. 그래서 자신을 세우는 작업과 관계력을 기르는 작업은 항상 함께 간다.

결론

혼자서 모든 것을 잘 해내고 싶다는 말에 내포된 속마음이 무언인가 생각해보자. 자신이 왜 그런 생각을 하게 되었나를 따라가다 보면 자신의 상처, 좌절된 욕구를 만날 수 있고 자신을 이해할 수 있다. 그리고 진정으로 자신이 원하는 방향으로 나아갈 수 있다.

1.3

'인생은 혼자다'라고 말하는 사람들에게[1]

해리 할로(Harry Harlow)의 원숭이 실험을 간단히 소개하고자 한다[4]. 심리학자인 할로우는 인간과 94%의 유전자를 공유하고 있는 붉은털원숭이를 대상으로 실험을 진행했다. 갓 태어난 원숭이들을 어미로부터 분리하고 두 개의 가짜 어미를 제공했다. 한 우리에는 부드러운 헝겊으로 만들어진 가짜 원숭이를 두고, 다른 우리에는 우유를 제공하는 젖병

---

4) Harlow, H. F., & Zimmermann, R. R. (1959). Affectional response in the infant monkey: Orphaned baby monkeys develop a strong and persistent attachment to inanimate surrogate mothers. Science, 130(3373), 421-432.

이 달린 철사 원숭이를 두었다. 관찰 결과, 새끼 원숭이들은 배가 고파 우유를 먹는 잠시의 순간을 제외하고는 대부분의 시간을 헝겊 원숭이와 함께 보냈다. 새끼 원숭이들은 헝겊 원숭이를 껴안고 비비며 따뜻함과 보드라움을 느끼는 데 몰두했다. 반면 헝겊 원숭이와 분리되었을 때는 극심한 분리 공포를 보였다. 이 실험은 포유류에게 애착 대상과의 접촉 위안이 감정적 생존에 필수적임을 보여준다. 즉, 인간은 우유(음식)만으로 살 수 없다. 인간은 물리적 생존을 넘어 정서적 생존을 원하며 본능적으로 따뜻함, 포옹을 원한다. 우유를 주지 않더라도 새끼 원숭이가 온종일 천 원숭이를 끌어안고 있었던 것처럼, 인간도 그러한 따뜻한 연결감을 본질적으로 원하는 사회적인 존재다.

유아는 주 양육자의 눈을 통해 자신을 본다. 아기는 태어난 순간에는 스스로를 지각할 수 없다. '나는 소중한 존재야.'라는 식으로 자신을 인식할 수 없다. 주 양육자에게 비친 자신의 모습을 보고 자기를 지각하는 것이다. 사랑스럽게 바라보는 부모의 눈빛을 통해 유아는 긍정적 자기감과 자존감을 획득한다. 우리는 타인을 통해 자신을 보고 타인을 통해 생존한다. 나를 형성하고 만들어가는 데에는 '대상'의 역할이 지대하기에, 우리는 필연적으로 '대상' 때문에 상처받고 힘들어할 수밖에 없다.

'인생은 혼자'라는 사람들의 삶을 들여다보면 99%의 경우 적어도 가족이나 반려 동물 등 마음을 나누는 대상이 하나 이상은 존재한다. 결국, 인간은 단 한 명이라도 마음 나눌 대상이 필요하다. 단지 마음을 덜 다치기 위해 그 대상을 아주 안전하다고 판단되는 극소수로 좁힌 것뿐이다.

우리가 '따뜻함을 나누고 싶은 욕구'를 인정한다면 어떨까? '그런 거 필요 없어요.' 하며 쿨하게 굴지 않고(본디 우리는 쿨한 존재가 아니다) 말이다. 나의 세계 안에 웅크리고 있지 말고 두렵지만, 다른 세계에 손 내밀며 '당신과 연결되기를 원합니다. 당신의 관심과 애정이 중요합니다.'라고 이야기할 수 있다면 어떨까? 그렇다면 우리는 원하는 바를 더 많이 얻어낼 수 있을 것이다.

《이반 일리치의 죽음》[5]은 죽음과 삶의 의미를 다루는 소설이다. 이반일리치는 판사로서 부와 명예를 다 가진 사람이었지만 원인 모를 병에 걸려 시름시름 앓는다. 그에게 죽음의 그림자가 드리워졌을 때 주변 사람들은 진심으로 그를 걱정하고 생각해주지 않는다. 그들은 겉으로는 이반을 걱정하는 척했지만, 이반이 죽음으로써 자신에게 돌아올 승진 기회에 관심이 더 많았다. 심지어 아내도 이반이 사망하고

---

5) 톨스토이, 《이반 일리치의 죽음》, 이강은(역), 창비, 2012.

받을 연금에 관심이 쏠려 있다. 이반은 돈도 많이 벌었고 성공했기 때문에, 아무와도 진실한 관계를 맺지 못했어도 행복했을까? 그렇지 않았다. 이반은 죽음의 두려움에 몸부림치면서 자신의 인생을 되돌아보고 후회한다.

> "이반 일리치는 누군가 자신을 아픈 어린아이 대하듯이 그렇게 가엾게 여기며 보살펴주기를 간절히 소망했다. 어린애를 어루만지고 달래듯이 다정하게 쓰다듬어주고 입을 맞추고 자기를 위해 울어주기를 그는 바랐다."_84p

그 과정에서 하인 게라심만 이반의 옆을 묵묵하게 지킨다. 이반은 그와의 관계를 통해 연결감을 느끼고 생의 마지막 순간에 삶의 진정한 의미에 대해 깨닫고 죽음을 맞는다.

죽는 것은 필연이고 죽을 때 우리는 아무것도 가져갈 수 없다. 죽음 앞에서는 모두가 평등하다. 우리 앞에 놓인 죽음이라는 실존에 진심으로 마주해보면, 허겁지겁 뒤처질까 달려가던 내 모습이 우스꽝스럽게 느껴지기도 한다. 따라서 지금 여기서 경험하는 '과정'의 중요성을 꼭 생각해보았으면 좋겠다.

'인생은 여행'이라는 비유가 있는데, 공감하는 바이다. 여행을 갈 때, '여행의 끝에, 무언가를 성취하겠어!'라는 큰 목표를 갖고 떠나지는 않는다. 우리는 대체로 여행의 순간순간을 즐기고 누리고 경험하기 위해서 여행을 간다. 인생도 그렇게 생각해보면 좋겠다. 삶의 과정, 순간의 경험들을 풍요롭게 느끼길 바란다. 적어도 나는 그러고 싶다. 그렇다고 놀고 마시고 즐기기만 하라는 주장을 펼치는 건 아니다. 삶의 목적도 중요하겠지만 목표뿐만 아니라 그 목표에 도달하는 과정과 경험 또한 목표 못지않게 중요하다는 의미다. 신명 나게 보낼 딱 한 번뿐인 나의 생! 나만의 인생을 어떤 과정, 어떤 경험으로 채워나갈 것인지 생각해보자. '어차피 상처받을 거니까 친구를 만들지 않겠어.'라는 결과론적인 생각이 아닌, 그 친구와 나누는 경험, 그 과정들 속에서 행복감을 충분히 즐기고 누렸으면 좋겠다. 생에 마지막에 소중한 사람들과 나눈 추억들을 회상하며 '정말 대단한 여행이었어.' 하고 웃음 지으며 떠날 수 있을 거다.

1.4

친구는 다다익선일까?

이 책의 논지는 '최대한 많은 사람들과 친하게 지내세요'가 아니다. 잠깐 내 얘기를 해보자면 나는 친구가 별로 없는 편이다. 소수의 친구를 깊게 사귀는 편이고 늘 만나는 친구들만 만난다. 다만 그 친구들과 깊은 우정을 나누고 있고 자주 보지 않아도 나의 편이라는 강한 믿음이 있다. 그 믿음만으로도 마음이 따뜻해지고 안정감이 생긴다. 그리고 새로운 친구를 사귀는 데 항상 열려있는 편이다. 나이가 들어도 언제든 진정한 친구를 또 만날 수 있다고 생각한다. 게다가 친한 사이가 아니더라도 사람들과 관계하는 데 어려움이 없고 대부분의 사람들을 긍정적으로 지각한다. 타인에게 크게 상처받지 않는다.

각자의 성향에 맞게 친구의 수는 달라질 수 있다. 어떤 사람은 한두 명의 친구만 있어도 행복할 수 있다. 그렇다면 그럴 수 있으면 된다. 그리고 그 외의 다른 타인과 크게 척지지 않고 불편감 없이 지낼 수 있으면 된다. 살면서 스치는 많은 사람과의 상호작용에서 큰 스트레스를 받지 않도록 관계력을 키우자는 의미이다. 이 정도면 해볼 만하지 않은가?

나는 관계가 어려운 사람이었기에, 관계에 대해 고민하는 시간이 많았다. 그러다 보니 관계를 다루는 상담전문가가 되었다. 즉 타고나기를 사회성이 높고 친화력이 있는 사람은 아니었다. 사람과의 관계를 어떻게 맺는지, 어떻게 깊어지는지 잘 몰랐던 사람이 이제는 대부분의 사람과 편하게 지낼 수 있고 나를 지켜내면서 건강하게 관계할 수 있는 사람이 되었다는 건, 여러분도 할 수 있다는 뜻이다.

CHAPTER 02

나의 사랑

돌아보기

2.1

항상 나쁜 여자만 만나요

30대 초반 인호 씨는 연애할 때마다 마음고생이 심하다.

"여자들은 다 왜 이렇죠? 나는 진심을 줬는데, 사람을 이용하고 말입니다. 더 이상 여자를 못 믿겠어요. 저… 연애 다시 할 수 있을까요?"

나쁜 여자[6]만 만나는 남성이 있다. 남성이 나쁜 여자를 왜 만나게 되었는가에 대한 세 가지 가능성을 생각해볼 수 있다. 첫째, 세상의 모든 여성은 나쁘다. 두 번째, 운이 안 좋

---

[6] 나쁜 여자의 정의에 대한 논란이 있을 수 있다. 내가 생각하는 나쁜 여자(사람)는 인간으로서 기본적 예의를 갖추지 않은, 상대의 존엄성을 훼손하는 사람이다.

게도 나쁜 여성만 만나게 된다. 세 번째, 나도 모르게 나쁜 여성에게 끌려서 나쁜 여성과 만나게 된다.

이 중 무엇이 정답 같은가? 심리학에서는 세 번째 가설에 가능성을 높이 둔다. 나도 모르게 특정 성격과 성향, 스타일의 사람에게 반복적으로 끌리는 것이다. 내가 끌리는 특정한 사람이 안전하고 따뜻한 사람이면 좋겠지만 그렇지 않은 경우는, 자신도 모르는 사이 고통의 굴레로 걸어 들어가게 된다.

저 사람을 만나면 내가 고통스러울 걸 감각적으로 느끼면서도 그 오감을 무시해버린다. 단점은 눈을 감아 버리고 이상화하며 연애를 시작한다.

'그녀랑 만나면 정말 즐거워.'

'우린 티키타카가 너무 잘 돼.'

관계가 깊어지면서 연인의 제멋대로인 행동에 늘 불안감을 느낀다. 화도 날 것이다. 그럼에도 불구하고 이별을 쉽게 선택하지 못한다. 그 사람이 나의 전부이고 그 사람이 없으면 살 수가 없을 것 같다. 헤어지면 저만한 사람 만날 수 없을 것 같다는 두려움도 든다. 그래서 고통스러움에도 불구하고 그 사람 곁에 남는다. 어떨 땐, 그 고통스러움이 사랑의 증명처럼 느껴진다.

'이렇게 고통스럽다는 건, 그만큼 사랑의 크기가 크다는

거야.'

　세기의 사랑을 하는 자신의 모습에 취해 있는 건 아닐지 생각해보자. 이러한 자극적이고 고통스러운 연애를 반복하는 사람은 연애의 평온한 시기를 못 견디는 것처럼 보이기도 한다. 관계의 따뜻하고 평온한 상태를 어색해하고 지루해하는 것 같다. 괜시리 여자친구의 전 남자친구를 상상하며 질투하고 불안해하고 속상해한다. 지금 관계가 만족스러우면 그러한 상상을 할 이유가 없는데 말이다. 어찌 보면 사랑의 고통에 중독된 것처럼 느껴진다.
　실제 상담에서도 많이 들었던 이야기다.
　"선생님, 저는 일부러 불안하려고 애를 쓰는 것 같아요. 우리 사이는 평온하고 아무 문제가 없는데 집요하게 저 혼자 상상하며 불안해해요."
　'고통스럽기를 원하는 것 같다'는 문장을, 우리는 어떻게 이해할 수 있을까.
　인간은 익숙한 것을 선호한다. 안전하게 느껴지기 때문이다. 자주 느낀 감정을 또 느끼는 것이 안정감을 준다. 자주 했던 관계 방식을 반복하는 것이 안정감을 준다. 내가 최초에 경험한 사랑이 불안하고 혼란스럽고 고통스러웠다면 이후에도 고통스러운 사랑을 택할 가능성이 크다. 고통스럽다고 할지라도, 익숙하고 예상할 수 있기 때문이다. 불안정한 대상을 스스로 선택하고 파국적인 결말을 맞으면, '이럴 줄 알았어. 또 나쁜 여자잖아.'라고 이야기한다. 유년기 경험을 통해 만든 인지 도식은 쉽게 변하지 않고 그 뒤의 경험들을 통해 강화된다. 일종의 확증 편향이다. 확증 편향은 기존의 신념에 부합되는 정보나 근거에만 주목하고 이와 상반되는 정보를 접하게 될 때는 무시하는 인지적 편향을 의미한다.[7] 인간은 이렇게 자기 생각을 재확인하는 과정에서 통제감을 느낀다. 따라서 통제감을 느낄 수 있도록 자신의 사고를 확증해줄 수 있는 대상을 선택하고 파국적인 방식으로 관계를 맺어갈 수 있다. 덧붙이자면, 내가 최초로 관계한 사람과의 관계 양식을 반복하게 되는 것을 애착 유형이라고 부른다(애착 유형에 관한 자세한 설명은 챕터 4에서 하도록 하겠다).

이런 측면도 있다. 자신을 하찮게 여기는 마음이다. 스스로 느끼기에 내가 너무 부족하고 별로라서, 이런 대우를 받아도 문제가 될 것이 없다고 무의식적으로 여기는 경우다. 따라서 상대방이 나에게 못되게 굴어도, 응당 그럴 수 있다고 여긴다. 내가 별로인 존재인 것을 스스로 확인하고자 나

---

[7] 네이버 지식백과

를 함부로 사용하는 대상을 나도 모르게 선택한다. '역시 내가 그렇지 뭐.'라고 생각하며 그 안에서, 통제감과 안정감을 느낀다. 변화는 낯설고 두려운, 알을 깨고 나오는 과정이다. 자신의 세계를 깨고 나오는 것은 정말 두렵고 압도되는 일이다. 그래서 대부분은 고통스럽더라도 반복된 경험으로 돌아가게 된다.

고통스럽게 만드는 대상을 왜 선택하게 되는지에 대한 또 다른 이유는 너무 외로워서다. 그 공허의 구멍이 너무 깊고 깊어서 그 심연을 혼자 감당할 수 없다. 그러다 보니 그 대상이 나에게 아무런 도움이 되지 않는 불량식품 같은 것이라 할지라도 나의 공허를 메워줄 수 있다면 그것이 뭐든 취하게 된다. 그렇다면 나쁜 여자를 욕하기 전에 (물론 나를 힘들게 한 존재를 후련해질 때까지 욕해봐도 좋다. 단 혼자서 일기장에 욕해보자!) 내 공허를 들여다봐야 한다. 이 구멍의 크기는 얼마나 되는지, 어떻게 생긴 건지 이해해보고 구멍을 메울 방법을 찾는다면 보다 근본적인 해결책을 발견할 수 있을 것이다.

2.2

진짜 사랑한다면, 나한테 올인해야 되는 거 아닌가요?

시은 씨는 20대 대학생으로 눈에 띄는 매력적인 외모를 갖고 있었다. 화려한 옷차림, 색조와 글리터가 얹어진 메이크업, 고데기로 웨이브를 준 긴 머리카락으로 나의 시선을 사로잡았다. 음, 준비 시간이 상당했겠는걸? 나는 잠깐 내 화려했던 20대의 시절을 떠올렸다. 집 밖에 나가려면 1~2시간의 준비 시간이 필요했던 공작새 같았던 시절…. 모두가 나를 주목하는 줄 알았었지. 옛 생각에 잠긴 나는 머리를 한 번 내저으며 다시 시은 씨에게 집중했다. 당당해 보이는 모습과 함께 방황하는 눈동자가 공존하고 있었다. 아, 그녀에겐 어떤 고민이 있을까.

"안녕하세요, 어떤 어려움이 있어 방문하게 되셨나요?"

"아…. 그게 별일은 아닌데요. 최근에 남자친구랑 헤어졌는데 너무 열 받아서요."

'헤어지고 나서 화를 느끼고 있군. 헤어진 지 얼마나 된 거지?'

'헤어지는 중입니다'라는 노래 제목같이, 이별에는 시간이 필요하다. 마음을 내어준 대상이기 때문에 단칼에 마음 정리가 되지 않는다. 심리학에서는 5단계를 거쳐, 이별을 받아들이게 된다고 이야기한다.

그 5단계는 '부정-분노-협상-우울-수용'이다. 처음에는 이별을 받아들이지 못하다가(부정), 화를 내다가(분노), 다시 만날 수 있는지 설득도 해보는 단계(협상)를 거쳐, 슬픔에 빠지고(우울), 결국 이별을 받아들이게(수용) 된다. 시은 씨는 지금 분노의 단계처럼 보인다. 헤어진 지 며칠 안 됐을 거라 짐작하며 질문을 던졌다.

"아이고…. 최근에 헤어졌군요. 이별한 지는 얼마나 됐나요?"

"7월에 헤어졌으니까 석 달 됐네요."

'3개월이 지났는데 아직도 화가 많이 난다고?'

시은 씨의 답변을 들으며 여러 가지 새로운 가설들이 스쳐 지나갔다.

나의 사랑 돌아보기

'전 애인이 그녀에게 굉장히 중요한 인물이었나? 제대로 된 악질이어서 도저히 잊기가 어려웠나? 아니면, 과거의 경험을 쉽게 떨치지 못하고 사로잡혀 있는 특성을 가졌을 수도 있겠어.'

그녀의 마음에 어떤 불덩이가 자리하고 있나, 숨을 한 번 들이쉬고 시은 씨의 이야기에 귀 기울였다.

"아니, 갑자기 헤어지재요. 제가 그렇게 좋다고 따라다니더니. 저한테 엄청나게 잘했거든요. 그런데 이유도 제대로 말해주지 않고 갑자기 이별 통보라니요. 그럴 거면 따라다니지 말았어야죠. 믿게 만들고 배신하면 어떻게 해요? 그런데 최근에 제가 막 대하긴 했어요. 그래도 그렇지. 어떻게 찾아가서 울고불고 매달려도 안 잡히죠? 이 상황이 너무 화나고 이해가 안 돼요."

시은 씨는 단숨에 말을 내뱉었고 그녀의 눈 밑은 파르르 떨리고 있었다.

사랑이란 게 참 내 맘처럼 되지 않으니, 힘든 시은 씨의 마음이 이해가 갔다. 그러나 '남자친구를 막 대했다.'라는 문장이 마음 한편에 걸렸다.

"막 대했다고 하셨는데 좀 더 이야기해줄 수 있나요?"

"그냥 제 맘대로 했던 것 같아요. 너무 잘해주니까 제 기분대로…. 기분이 태도가 된다는 말 있잖아요. 딱 저예요. 기분대로 다 표현하고 남자친구는 최선을 다하고 있는 데에도 제 맘에 조금이라도 안 들면 면박을 주고요. 근데 저를 그렇게 따라다녔다가 저를 얻었다면 그 정도는 감수해야 하는 거 아닌가요? 심지어 예전에는 다 저한테 맞춰줬는 걸요. 변한 게 분명하잖아요. 왜 사람은 변하는 거죠?"

그녀는 그때로 돌아간 듯이 붉으락푸르락하며 질문을 쏟아냈다.

"마지막에는 글쎄, 저랑 있다가 잠깐 친구랑 통화하고 온다고 하더니 20분을 통화하는 거예요. 나랑 있는데 나를 버려두고 다른 친구랑 얘기한다는 게 말이 되나요? 사랑이 식었다는 증거가 틀림없죠. 너무 열 받아서 미친 듯이 화를 냈더니, 더는 저랑 못 만나겠다며 가버리더라고요."

어느새 시은 씨의 눈에 눈물이 맺혔다. 분노의 눈물같이 보이기도 했다.

"갑작스럽게 끝이 나서 많이 당황하고 혼란스럽고 받아들이기 어려웠을 것 같아요. 연애 기간이 얼마나 됐던 걸까요?"

"6개월이요. 사실, 전 매번 이런 식으로 사람들이 떠나가요."

마음 안에 화가 가득하고 감정에 휩쓸려 있을 때, 너무 빠른 직면이나 개입을 하면 내담자의 불덩이가 더 커지는 경우가 많다. 침착하게 불씨를 꺼뜨리고 이후 자신을 마주하도록 도와야 한다.

"음, 그렇군요. 3개월이나 지났음에도 그 사람의 이야기를 갖고 상담실에 왔다는 걸 보면, 꽤 시은 씨에게 중요한 사람이었나 봅니다. 지금은 그 사람에 대한 마음이 어떤 걸까요?"

"너무 화가 나요. 그 사람만 생각하면. 억울하고…. 그런데 이따금 잘해주었던 장면들이 생각나서 혼란스러워요. 혹시 내가 잘못한 건 아닐까? 그런 마음도 들고요."

좋았어. 그녀가 먼저 자신에 관한 이야기를 꺼냈다. 나는 조심스럽게 이 부분에 조명을 비출 것이다.

"너무 억울하고 속상하면서도 한편으로는 나도 뭔가 이별에 기여한 부분이 있는 게 아닐까 하는 마음이 드는군요. 굉장히 성숙한 마음가짐이라는 생각이 들어요. 그 부분을 살펴본다면 이 사람과 재회하든, 다음 연애를 하든 시은 씨가 훨씬 행복하고 즐겁게 연애하는 데 도움이 될 거예요."

시은 씨의 치켜 올라간 눈썹이 조금 내려갔다.

"전 남자친구가 친구랑 통화한 것에 대해 불같이 화를 냈다고 말씀하셨죠. 그 부분에 대해서 더 이야기해보죠. 그 말인즉슨 항상 내가 최우선이 되어야 하고 나에게 온전히 100% 집중해야 한다는 거겠죠. 전 남자친구의 행동 하나하

나를 사랑의 척도로 평가했다는 걸까요?"

"네, 맞죠."

그녀는 당연한 질문을 왜 하냐는 듯, 다시금 뾰족한 눈빛으로 나를 쳐다봤다.

"그런 방식의 연애는 6개월, 1년은 참을 수 있을 것 같아요. 사랑하는 사람을 위해서요. 그분은 자신이 할 수 있는 최대치까지 끌어올려서 애를 썼겠죠. 그런데, 상대방도 그저 나와 같은, 완전할 수 없는 인간이잖아요. 계속 그렇게 200% 영혼을 갈아 만나다가는 피 말려 죽지 않을까요? 그도 그의 일터가 있을 것이고 그의 세계가 있을 거니까요. 온통 시은 씨에게만 집중하는 상태를 평생 유지할 수 있을 거라 생각하는 것 같네요."

"…." 침묵이 이어졌다.

"(싱긋) 시은 씨는 그 사람이 나에게 올인해서, 일도 학업도 다 내려놓고 관계도 다 끊긴 그런 사람이 되기를 바라나요? 그런 사람이 멋있고 존경스러울 것 같으신가요?"

"그럼 전 어쩌죠. 전 너무 사랑이 고프고 온 신경이 나를 사랑하는가에 쏠려있어요. 그런 푸대접을 받는 게 너무 싫어요."

시은 씨의 마음이 남자친구에 대한 화에서 자신에 대한 속상함, 불안감, 슬픔으로 변화하는 것이 느껴졌다. '모든 게 그의 탓이야! 억울해, 배신당했어.'라는 [타인 초점]에서 '나는 왜 이런 연애를 반복하지?'라는 [자기 초점]으로의 변화가 일어나고 있었다. 변할 수 있는 것은 오로지 자기 자신뿐이기에, 상담자는 내담자가 자기 자신의 부분을 보기를 바란다. 그곳에 변화와 성장의 씨앗이 있다.

'나는 왜 모든 것을 사랑의 척도로 환원할까? 나는 왜 이렇게 사랑에 몰두할까? 상대방을 편하게 해주지 못할까? 왜 나의 마음은 이토록 불안하고 요동칠까…?' 그녀는 많은 생각에 잠긴 듯했다.

이제부터 시은 씨와의 진짜 작업이 시작될 것이다. 나를 깊이 만나고 이해하는 작업을 통해 시은 씨는 자신을 변화시킬 것이며 더욱 건강하고 깊은 연애를 할 수 있을 것이다.

대체로 20대 초중반, 친구들에게 연애상담을 하면 이런 이야기를 자주 듣게 된다.

"너를 그렇게 대하는 애랑 왜 사귀어. 헤어져! 너 호구니?"

친구들과 대화를 끝마치고 나면, 평소에는 신경 쓰이지 않았던 연인의 작은 부분까지 거슬린다. '내가 이런 대접받을 사람이 아닌데.'라는 생각이 커진다. 연인에 대한 미운 마음이 샘솟아 괜한 싸움을 붙여본다. 기리보이의 노래 제목

<내가너를사랑하지않는다는것은망할녀의친구들의아이디어같아>가 떠오른다. 물론 연인이 정말 문제가 있는 경우도 많다. 하지만 그 경우는 논외로 하자. 여기서 초점을 두고자 하는 부분은 그 사람이 나에게 어떻게 대하느냐에 따라 내 존재가치가 결정된다고 믿는다는 지점이다.

시은 씨 또한 연인의 구애 정도에 따라 자신이 대단한 사람처럼 느껴지기도, 초라하게 느껴지기도 했다. 그 사람의 미세한 행동 변화에도 흔들렸다. 이는 애초에 자기감(자신에 대한 감각과 가치)이 약하기 때문이라고 볼 수 있다. 단단하고 굵은 심지가 내 안에 없어서 타인의 인정과 애정을 끊임없이 필요로 하게 되는 것이다. 상대의 사랑이 식었다는 것은 내가 매력이 없고 가치가 없다는 것을 의미했다.

그런데, 사랑 타령을 하던 시은 씨는 정작 그 남성을 사랑했을까? 자기 자신만을 사랑한 건 아니었을까. '나를 사랑하고 나에게 열광하고 나를 추앙하는 그를 보는 즐거움'에 도취해 있었던 건 아닐까. 시은 씨가 그에게 진정으로 사랑을 주지 않았고 단지 부풀린 자기애(자기감이 약하면 자기를 부풀리게 된다)를 유지해주는 도구로 애인을 사용했다면 그 애인은 떠나야 마땅하지 않을까 싶다. 심지어 그는 최선을 다해서 마음을 주었기에 후회도 미련도 없을 것이다. 그렇지만 시은 씨는 그에게 준 게 없다. 자신의 깊이 있는 내면을, 마음을 나누지 않았고 사랑을 주지 않았기 때문에 후회가 남고 그 후회감은 오래갈 것이다.

정리하면 '그 사람이 날 진정으로 사랑한다면, 나에게 올인해야 된다.'는 신념 자체에 문제가 있을 수 있다. 그것은 사랑에 기반을 둔 욕구가 아니라 나의 공허를, 나의 약한 자존감을 메우려는 시도일 수 있다.

사랑은 변한다. 올인하던 그도 그녀도 결국에는 변한다. 내가 결국 그 또는 그녀의 사랑이 변하도록 관계했을 수 있다.

2.3

길게 연애를 못하고 권태기가 빨리 와요

수호 씨는 30대 중반의 남성으로 1년 이상 연애를 지속해 본 적이 없어 고민이 깊다. 처음에는 별문제가 없다고 생각했다. '에이, 이번에도 나랑 안 맞네.' 하고 대수롭지 않게 넘겼지만, 30대 중반에 접어들면서 자신에게 무언가 문제가 있는 게 아닌가 하는 생각이 들기 시작했다. 주변 친구들은 3~5년씩 장기 연애를 하기도 하고, 하나둘씩 동반자를 만나 결혼해서 아이를 낳으며 그들만의 세상을 공고히 구축해나가는 것 같았다.

그는 수려한 외모와 슬림한 몸, 큰 키 덕에 항상 여성들에게 인기가 많았다. 사랑받는 것은 기쁜 것이었으므로 수호 씨는 그 느낌을 잃고 싶지 않았다. 인기를 통해, 자신이 꽤 대단한 남자인 것처럼 느끼기도 했다. 나름대로 커리어도 튼실하게 쌓아가고 있었다. 마음에 드는 여성이 생기면 적극적으로 구애를 했다. 사랑인지, 아닌지 순식간에 결정이 됐고 빠르게 사랑에 빠졌다.

연애 초반은 언제나 즐거웠다. 데이트를 하며, '와, 정말 이 사람은 뭔가 다른걸. 드디어 꿈에 그리는 이상형을 만난 것 같아.'라는 생각에 가슴이 뛰었다. 집 앞으로 찾아가서 맛있는 음식을 사주고 틈틈이 연락하며 애정을 표현했다. 열렬한 구애 끝에 연애를 시작했다. 초반 두세 달은 괜찮았다. 즐겁고 짜릿한 데이트의 연속이었다.

그러나 시간이 지나며 상황은 달라졌다. 점점 그녀의 연락이 귀찮아지기도 하고 그녀가 집착하는 것처럼 느껴지기도 했다. '왜 이렇게 의존적이야? 내 시간이 하나도 없잖아.'라는 생각과 함께 그녀가 가진 단점들이 하나둘씩 눈에 들어왔다. '얼굴형이 마음에 안드네.', '얘는 왜 자신의 커리어에 관심이 없지? 자기 발전이 없네.' 이러한 생각들이 차곡차곡 쌓이면서 그녀보다 자신이 더 아깝다는 느낌들이 자리 잡았다. 그러면서 자연스레 주변의 새로운 여성들에게 눈길이 갔고, 자신이 놓쳐버린 것들에 대한 아쉬움도 들었다.

수호 씨가 그녀에게서 멀어질수록 그녀는 더 수호 씨에

게 몰두하며 사랑을 요구하는 모습을 보였는데, 이는 수호 씨를 더 달아나고 싶게 만들었다. 자신에게 이렇게 매달리는 그녀는 매력적이지 않다는 생각이 무의식에 자리 잡았다. 그러던 어느 날, 회사의 여자 동료와 대화를 하다가 문득 '이 친구랑 사귀면 지금 여자친구보다 훨씬 더 잘 맞을 것 같은데?'라는 생각이 스쳤다. 결국, 그의 사랑은 언제나 비슷한 방식으로 끝나고 말았다.

수호 씨는 사랑을 로맨틱한, 열정적인 사랑으로만 여기는 사람이다. 사랑의 넓이와 깊이는 무한하여 그 안에 많은 것들을 담을 수 있는데 그는 사랑의 극히 일부분을 사랑의 전부라고 지각하는 것이다. 그래서 뜨겁던 열정이 식으면 사랑이 끝났다고 생각한다. 사랑에는 열정, 친밀감, 헌신이라는 요소가 존재한다(Sternberg, 1986)[9]. 친밀감이란 사랑의 정서적 측면으로, 관계에서 경험하는 깊은 연결감과 유대감을 뜻한다. 열정은 사랑의 동기적 측면으로 생리적인 흥분과 낭만, 무조건적 이끌림, 함께 있고 하나가 되고 싶은 마음이다. 흔히 우리가 드라마에서 보는 사랑의 모습이다. 헌신은 사랑의 인지적 측면으로 사랑하길 결심하고 관계를 유지하고자 하는 마음이다. 관계의 초반에는 열정이 큰 역

---

9) Sternberg, R. J. (1986). A triangular theory of love. Psychological review, 93(2), 119-135.

할을 하지만, 시간이 지나며 친밀감과 헌신이 더 중요한 사랑의 기반이 된다. 스텐버그(Sternberg)는 세 요소가 적절히 균형을 이루었을 때 성숙한 사랑이라 하였다. 수호 씨는 세 가지 요소 중, 열정의 요소만 사랑이라고 인식하는 경우라 볼 수 있다.

사랑이 2년 안에 끝나는 단순한 호르몬 작용일 뿐이라면 왜 영화, 음악, 철학 등에서 사랑을 그토록 논하겠는가. 왜 성경에서 믿음, 소망, 사랑, 그중에 제일은 사랑이라고 이야기하겠는가. 사랑은 호르몬 작용 이상의 그 무언가다. 또한, 사랑은 나도 모르는 사이 선택권 없이 (사랑에) 빠져버리고 자신도 모르게 끝나버리는 수동적인 행위라기보다는 내가 선택하고 생성하고 만들어나가는 적극적이고 주체적인 행위이다.

수호 씨는 사랑이 뭔지, 사랑을 어떻게 지속해야 하는 지 배운 적이 없다. 매력적인 여성을 만나서 사랑을 주고받는 자신의 모습에 취한 것일 수 있다. 자극적인 느낌, 황홀한 느낌들을 추구하기 위해 그 여성을 (므의식적으로) 이용한 것일 수도 있고…. 진짜 사랑에는 희생과 헌신이 포함된다. 사랑에는 깊은 유대와 존중과 이해가 수반되어야 한다. 수호 씨는 진정한 의미의 사랑을 할 줄 모르는 사람이다.

열정적 사랑, 좋다. 그 황홀한 느낌, 세상을 다 가진 느낌을 좋아하지 않을 사람이 있으랴. 사랑에 빠졌을 때를 떠올려 보자. 거리를 걸으면 바람의 향기도 햇살도 다 나를 위하는 것 같다. 〈영화 500일의 썸머〉[10]에서 주인공 톰(조셉 고든 레빗)이 썸머(주이 디샤넬)와 사랑을 확인하고 하룻밤을 보낸 후 출근하는 장면을 기억하는가? 경쾌한 노래가 흘러나오며 모든 사람이 톰을 향해 웃어주고 하이 파이브를 해준다. 때마침 분수대에서 분수도 힘차게 하늘로 치솟는다. 음악은 클라이맥스로 내달리고 톰은 공원에서 익명의 사람들과 함께 신나게 춤을 춘다. 사랑에 빠진 남자의 환희, 기쁨을 제대로 시각적, 상징적으로 보여주는 장면이다.

그렇지만 반복되는 열정적 사랑에 공허함을 느끼고, 이전 연인들을 그리워하며, '그때 그녀는 정말 따뜻했었는데…'라고 생각하는 시간이 많아진다면, 변화해야 한다. 열정적 사랑이 식도록 내버려두는 것이 아니라 다양한 노력을 통하여 사랑의 불씨가 꺼지지 않도록 노력해야 한다. 수호 씨는 자기 성장을 비롯한 관계적 성장, 사랑의 성장 단계로 들어가야 한다. 지금까지와는 다른, 성숙한 사랑의 단계로 넘어가야 할 때다.

---

10) 마크 웹 감독의 2009년 로맨틱 코미디 영화로 운명론자 남자 톰(조셉 고든레빗)과 현실주의적 여자 썸머(주이 디샤넬)의 500일의 시간을 담은 영화. 나무위키 참고
11) 어빈 얄롬, 《나는 사랑의 처형자가 되기 싫다》, 최윤미(역), 시그마프레스, 2014.

2.4

여자친구의 과거에 집착해요

'연인과의 갈등으로 고통받고 있습니다. 꼭 변화하고 싶고 잇다 선생님을 꼭 만나고 싶어요. 지역이 멀어 화상으로 진행하고 싶습니다.'

상담 신청 메일엔, 간절함이 묻어났다.

내가 만나는 내담자 중에는 연애 문제로 고민하는 분이 꽤 있다. 연애, 사랑은 상담하기 어려운 영역이다. 실존주의 상담의 대가인 얄롬은 '사랑의 처형자가 되기 싫다.'고 말했다(Yalom, 2014)[11]. 낭만적인 사랑은 신비로워야 지속이 되는데 심리상담에서 사랑을 자세히 살펴보게 되면, 그 사랑이 신기루가 되어 날아가버리기에 사랑에 빠진 내담자를 상담하는 것을 좋아하지 않는다고 한다. 예를 들어, 내담자는 연인을 매우 이상화하고 있는데, 실제로는 그런 대상이 아님을 상담 과정에서 보여줘야 할 때가 있다. 낭만적인 사랑을 처형하는 역할을 누가 맡고 싶겠는가. 심지어 내담자도 기뻐하지 않는데.

상담은 보통 주 1회씩 이루어지는데, 기존 내담자가 종결하지 않는 한 대기가 발생한다. 상담자는 상담의 질을 유지해야 하기에 무한대로 상담을 받을 수 없다. 한 달 후 드디어 영민 씨를 만나는 날이 되었다. 화면으로 보이는 영민 씨는 말쑥한 옷차림에 호감형의 얼굴을 하고 있었다. 상담신청서를 살펴보며 생각에 잠겼다.

'음…. 30대 초중반이고 6년 차 직장인이군. 결혼 준비 중이시구나. 결혼 준비하는 과정에서 무슨 일이 발생한 걸까?'

불쑥 영민 씨가 말을 뱉었다.

"여자친구의 전 남친 때문에 죽겠습니다."

"음…. 전 남친이요? 무슨 일이 생긴 건가요?"

"실제로 무슨 일이 생긴 건 아닌데요. 계속 의심이 가고 상상이 돼요."

조금 더 들어봐야겠다. 나는 조용히 그의 말을 경청했다.

"의심이 간다는 거군요…. 조금 더 이야기해 주실래요?"

"여자친구가 전 남친이랑 갔을 곳, 했을 일들, 성관계 등 다양한 장면이 상상돼서 너무 고통스럽습니다. 그러다 보면 저도 모르게 불안하고 의심하게 되고요. 이 부분으로 여자친구와 많이 다투고 있어요."

영민 씨는 여자친구가 실제로는 아무 행동을 하지 않았음에도 불구하고 상상 속 세계에서 싸우고 있었다. 심지어 5년 전 사귀었던 전 남친은 20대의 건장하고 훈훈한 대학생이었을 테니 늙지도 않는 적군이다. 영민 씨는 그녀의 청춘 한 페이지와 홀로 싸우고 있는 셈이다. 영민 씨가 과거의 유령과 싸움을 포기하지 않는다면 아마 영민 씨는 평생 고통스러울 거다. 영민 씨가 70세가 되어도 전 남친은 여전히 20대의 젊고 매력적인 대학생일 테니까.

아아, 저 여자는 일생 얼마나 지독한 연적과 더불어 산 것일까. 생전 늙지도, 금도 가지 않는 연적이란 얼마나 견디기 어려운 적이었을까.
- 박완서, 《그 여자네 집》[12]

---

12) 박완서, 《그 여자네 집》, 문학동네, 2013.

앞서 언급했지만, 어떤 사람들은 일부러 힘든 감정을 느끼려 하는 것처럼 보인다. 굳이 안 해도 되는 생각에 몰입해서 상상의 나래를 펼치고 고통스러워한다. 생각 기차를 타고 부산까지 간다. 어느 순간에는 우주까지 간다. 그리고 이런 상상을 통해 느껴지는 의심, 불안, 걱정을 사랑의 감정이라고 지각한다. '내가 이 사람을 이렇게 의심하고 걱정하는 걸 보니, 정말 사랑하고 있는 것이 분명해!' 이러한 반복적 상상과 고통감은 중독적이다. 의식적이 아닐지라도 무의식적으로 이렇게 하고 있지는 않았는지 생각해보길 권한다.

"아, 그러니까 영민 씨는 실재하는 자가 아닌, 상상 속 몇 년 전의 남성과 홀로 싸우고 있는 거군요."

영민 씨는 놀란 듯이 침묵했다.

"그런가요?"

"그렇게 들리는데요. 과거의 그 미화된 추억의 남성, 그 판타지와 힘겹게 겨루는 것으로 보입니다. 그런데, 그 미화된 남성과 겨뤄서 이기기는 힘들어 보여요. 그렇게 싸우는 이유가 뭐라고 생각하세요?"

영민 씨는 '그걸 알면 내가 여기 왔겠어요.' 하는 눈빛이다.

"여기서 좀 차근히 생각해볼까요? 예전 연애에서도 내가 그랬는지, 이 친구와의 관계에서만 그러는 건지 말입니다."

"아…. 생각해보니 항상 그랬던 것 같아요. 지금처럼 심하게 싸우진 않았지만, 전 남친 얘기를 꺼내는 걸 극도로 싫어했어요. 싫어하면서도 은근히 제가 물어봤고요. 그리고 친구들도 잘 못 만나게 제한했죠."

"영민 씨가 연애할 때마다 반복적으로 의심하고 통제하고 싶은 마음이 드는 거라면 고통의 원인이 현재 여친이 아닌 자신에게 있을 가능성이 있겠어요."

"음, 맞는 것 같네요. 하…. 저 어떻게 해야 하나요?"

"영민 씨가 여자친구와의 갈등을 잘 다루어 나가고 행복한 가정을 꾸리기 위해 여길 왔잖아요. 그 마음이 가장 중요하다고 생각해요. 다시 돌아가서 생각해봅시다. 여자친구를 의심하고 통제한다면 영민 씨가 얻는 것은 무엇인가요?"

"덜 불안해지는 것 같아요. 다른 사람, 이전의 사람을 만나서 절 떠날 가능성이 줄어들잖아요. 그리고 저의 것을 누가 건드리는 걸 상상만 해도 싫거든요."

이처럼 관계를 자신의 전부로 여기고 연인이 독립적인 존재임을 인정하지 않는 경우, 상대방의 영역에 대한 침범이 발생한다. '너는 나의 것'이라는 소유의 개념이 생기게 되어 '내 걸 건드리면 안 되지!'라는 마음이 생겨버리는 것이다. 연인은 물건의 개념이 아니며 나의 소유물이 될 수 없다. 지코의 노래 가사 '넌 나고 난 너야'는 사랑에 빠진 연인들의 마음을 참 잘 표현했다. 그렇지만 넌 내가 아니고 나는 네가 아니다. 연인은 내가 있는 그대로 존중하고 수용하고 지지해야 할 하나의 독립적인 개체다. 이 개념이 흔들리면 사랑에 어려움이 생기기 마련이다. '넌 나야.'라는 사고가 자리 잡으면, 그 사람의 행동, 생각, 감정까지도 통제하려 든다. '왜 그렇게 생각해? 왜 그런 옷을 입어? 왜 그런 친구를 만나? 그 친구들은 별로니까 다 끊어!'와 같은 방식으로 타인에 대한 소유권을 주장한다. 헤어지고 나서 그 끊긴 친구들은 어떻게 보상해줄 건지 씁쓸한 마음이 든다. 분명한 월권이다.

또 하나의 중요한 문제는, 영민 씨가 타인을 신뢰하기 어렵다는 데 있다. 오래 만난 여자친구를 전적으로 믿기가 어려운 이유에 대해서는 여러 가지 가설을 세워볼 수 있다. 첫 번째로는 유년기 주 양육자와의 상호작용에서 신뢰감을 획득하지 못한 경우다. 에릭슨에 따르면, 주 양육자가 0~2세 아이의 기본적인 욕구를 적절히 충족시켜 주었을 때, 아이는 세상을 신뢰하게 된다.[13] 반대로, 유년기 세상에 대한 신

---

13) Erikson, E. H. (1976). Reflections on Dr. Borg's life cycle. Daedalus, 105, 1-28.

뢰감을 획득하지 못한 경우, 유아는 세상이 진짜 믿을 만한지에 대한 근본적인 의심을 하게 된다. 이러한 불신감은 연애에도 영향을 미친다. 또 다른 가설은 자기 내면의 외도에 대한 불안감이 방어 기제로 작용하여 이를 연인에게 투사한 것일 수 있다. 실제로 연인의 이성 관계를 과도하게 통제하는 경우, 본인이 바람을 피우는 사례도 적지 않다. 그 외에도 파트너를 불신하는 다양한 이유가 있을 수 있기에, 상담에서는 이야기를 깊게 나누며 불신의 뿌리를 찾고 신뢰감을 높이는 작업을 하게 된다.

이러한 연애 방식의 말로는 어떻게 될까? 자존감이 낮아서 상대에게 휘둘리는 것을 감내하는 사람을 제외하고는 자신의 몸과 자아에 대한 권리를 주장하며 떠난다. 떠난 후에는 다시 잡을 수 없다. 유명한 말처럼 새장에 가두면 새는 날아가고 싶어한다. 사랑하는 사람이 좁은 새장에 갇혀 답답함을 느끼면서 내 옆에 있길 바라는가? 곽진언의 〈자유롭게〉라는 노래는 사랑과 소유욕 사이의 번뇌를 잘 담고 있다. '나도 참 멍청하지. 너의 모든 걸 알고 싶어. 나도 참 염치없지. 너의 전부가 되고 싶어. 하지만 자유롭게 저 멀리. 네가 가고 싶던 곳으로 가면 돼, 천천히.' 누군가를 사랑하게 되면 그 사람의 모든 걸 알고 그 사람의 전부가 되고 싶은 욕심이 스멀스멀 올라온다. 그렇지만 진심으로 그 사람을 사랑하고 존중한다면 그 사람이 가는 길을 응원하고 그 길이 어디로 향하든 지지하는 마음가짐이 필요하다. 그렇게 마음을 수도 없이 닦는 것이 사랑이다. 그래서 사랑은 명사가 아닌 동사다.

상담에서는 이러한 철학적인 이야기들도 차분히 나눈다. 그러는 과정에서 내담자의 사고 양식이 조금씩 변화한다. 지금껏 갖고 있던 사랑에 대한 개념을 더 유연하고 풍요롭고 건강한 개념으로 점차 변경시켜 나간다. 더 나아가 왜 이런 생각을 가지게 되었는지 자신의 발달 과정, 역사를 연결 지어 이해해 보기도 한다. 그러면서 자기를 탓하는 것이 아니라 자신을 이해하게 된다. 이후 습관이 된 사고 패턴, 감정 패턴, 행동 패턴을 반복하지 않기 위한 지난한 연습을 함께 한다.

2.5

그 사람이 날 외롭게 했으니까
다른 사람을 만날 수밖에 없었어요

수영 씨는 20대 여성으로 5년 사귄 연인이 있지만 최근 다른 사람과도 만나고 있다. 5년 사귄 연인은 금융권에서 종사하고 있는데, 최근 업무 능력을 인정받아 본사로 발령을 받았다. 본사 발령 후 남자친구는 업무에 몰두하며 적응하느라 여념이 없었다. 결과적으로 남자친구는 수영 씨에게 예전보다 신경을 못 쓰게 되었다. 수영 씨는 이러한 변화를 받아들이기 힘들었다. 그녀는 순간적으로 밀려오는 공허와 외로움에 사로잡혔다. 그렇다고 남자친구에게 사랑을 갈구하기에는 자신이 초라하게 느껴졌다. 그래서 남자친구에게 솔직한 마음(갑자기 연락이 줄어들어서, 우리 사이가 예전 같지 않게 느껴져. 그래서 마음이 허전하고 속상해.)을 전달하기보다 틱틱거리거나 싸움을 걸었다. 또는, '너 없이도' 잘살고 있는 척을 했다. 즐겁게 친구를 만나고 바쁘게 지내는 모습을 전시하듯 SNS에 올렸다. 마음 이면에는 '네가 없다고 해서 나에게 전혀 문제가 생기지 않아. 나를 원하는 이성들이 내 주변에 많다고. 그러니 이런 괜찮은 여자를 놓치지 않도록, 잘해야 할 거야.'라는 생각이 자리했다. 상대방이 이렇게 느끼기를 바랐다.

솔직한 마음-나는 당신이 중요하고 당신이 멀어져 가는 게 마음이 아파요-을 전달할 수 있다는 것은 마음이 단단하다는 증거다. 사람들은 대부분 반대로 생각하는 것 같다. '저런 마음을 표현하는 것은 약한 거다. 약하다는 건, 지는 거고 약점을 잡히는 짓이니 하지 말자.'

강한 사람만이 자신의 패를 깔 수 있다. 반면 약한 사람은 상처받지 않기 위한 방어막을 두텁게 세울 수밖에 없다. 약한 사람은 자신의 약함을 숨기고 싶으므로 강한 척을 하기 쉽다. '나는 너 없이도 잘 살 수 있어. 나는 네가 어떻게 행동하든 전혀 타격받거나 상처받지 않지.'라는 주문을 수없이 외우게 된다. 이러한 방어형 자기 주문이 반복되면 자신도 그 문장을 어느새 믿어버린다. '나는 너 없어도 돼. 나처럼 아까운 여자를 신경 안 써주면 나 바람날지도 몰라! 날

잠시라도 신경 안 써주면 누가 채갈 정도로 그만큼 괜찮은 사람이란 말이야.'

그리고는 자신의 존재 가치를 입증하기 위해 누군가와 또 다른 만남을 시작한다. 즉, 스스로 자신의 존재를 입증할 수 있을 정도로 마음이 단단하지 않다. 결국, 양다리를 걸침으로써 '역시 나는 사랑받을 수 있는 존재구나'라는 자기 위안을 하며 애써 공허를 억누른다. 수영 씨의 경우도 마찬가지였다. 순간순간 밀려오는 공허함과 자신이 가치가 없다는 막연한 느낌을 억누르기 위해 친구가 초대한 연말 파티를 따라가게 되고 그 파티에서 다른 남성과 눈이 맞게 된다.

B와의 만남은 즐겁고 색달랐지만 수영 씨의 마음 한편에는 죄책감이 자리 잡았다. 5년 동안 함께한 첫사랑이었다. 그는 잠도 줄여가며 회사에 적응하고 있었다. 수영 씨와의 더 나은 미래를 그리며…. 그는 이런 일이 벌어지고 있을 것이라곤 상상조차 못 할 것이다. 수영 씨는 이러한 죄책감을 덜어내고자 자신에게 다양한 변명을 하기 시작했다.

'날 외롭게 한 그의 잘못이다.'

여기서는 두 가지 큰 문제가 발생한다. 하나, 나에게 진심인 사람에게 씻을 수 없는 큰 상처를 주었다. 둘, 나에게 진심인 사람에게 씻을 수 없는 큰 상처를 준 자신에 대한 혐오감이 생긴다. 타인에게 큰 상처와 해를 입힌 사람은 자신의 정체성에도 상처를 입는다. 떳떳하게 자신이 바람을 피우고 있다고 말하는 경우는 거의 없다. 스스로가 부끄럽고 수치스러움을 느끼지 않는다면 당당하게 공개했을 것이다. 이러한 이유로 상담을 진행할 때, 몇 회가 지나서야 이러한 사실을 개방하는 경우가 많다. 상담자로서 내담자를 나쁜 사람으로 여기거나 내담자에게 화가 나지는 않는다. 다만 스스로를 함부로 대하는 이에 대해서는 안타까움이 든다. 자신을 귀히 여기는 사람을 쉽게 여기는 행동은, 스스로를 함부로 대하는 행동이고 자신을 깎아내리는 행동이기에 종국적으로 내담자에게 큰 해가 된다. 그래서 나는 우리가 좋은 사람이 되길 바란다. 타인을 위해서도 자신을 위해서도, 종국에는 그 행동을 그만둘 수 있도록 돕는다.

한 가지 덧붙이면, 나의 공허, 외로움을 잘 이해하고 처리하는 게 중요하다. 연인은 나와 사랑을 주고받아야 할 대상이다. 나의 결핍을 메워줄 도구로 존재하는 것이 아니다. 내 결핍을 내가 정확히 이해하고 처리하지 않으면 나도 모르는 사이 이러한 일들이 발생할 수 있다. 사람이 선천적으로 못되고 악해서 이런 일이 발생하는 건 아니라 생각한다. 인간은 너무나 약하고 취약하고 한계가 많은 존재다. 따라서 이 사실을 기억하고 자신을 끊임없이 성찰하고 다듬는 게 중요하다.

나의 사랑 돌아보기

2.6

도망가면 쫓아가고
쫓아오면 도망가는 연애

'선생님 저 오늘 상담할 수 있나요. 죽을 것 같이 힘들어서요….' 다급한 문자였다.

문제는 이런 다급한 문자가 한 번이 아니라는 거다.

희라 씨는 주 1회 상담의 구조를 깨뜨리고 자주 다급한 문자를 통해, 상담 날짜를 변경하고자 했다.

참고로 심리상담은 구조화가 굉장히 중요하다. 기본적으로는 주 1회 50분씩 상담이 진행되며 같은 요일, 같은 시간에 진행된다. 물론 위기 상황이나 이론적 방향에 따라 주 2회 이상 상담이 진행되기도 하나 이때에도 일정한 요일, 시간으로 약속을 정해 구조화하여 상담이 진행된다. 구조 자체가 치유적이다. 내담자들은 대체로 구조화되지 않은 가족 환경에서 자라는 경우가 많다. 부모와 자녀 간의 경계가 수시로 침범되는 경우다. 자녀의 방에 수시로 노크 없이 들어가는 것도 경계를 침범하는 행위다. 또 다른 예로는 자녀의 사생활을 몰래 엿본다거나 보는 것이 당연하다고 주장하며 스마트폰을 검열하는 경우가 있겠다. 따라서 심리상담에서 정해진 시간, 장소 등으로 구조를 만들어 주면 내담자는 그 안에서 안전함, 안정감을 느낀다. 예상치 못한 환경에서 벗어나 예상된, 구조화된 공간을 경험하는 것이다. 특히 구조의 붕괴를 경험해 온 혼란형 애착, 경계선 성격(애착 유형으로는 혼란형에 해당)과 같은 경우에는, 구조화된 상담 세팅의 중요성이 더욱 커진다.

경계를 침범하는 내담자의 대인관계 패턴이 상담에서도 반복되고 있었다. 급해 보였지만 이전에 몇 차례 변경 요청을 허용한 적이 있었기에 이번에는 구조를 다시 세우는 게 희라 씨에게 더 도움이 될 것 같았다.

"희라 씨, 정말 급한 건이 아니면 혼자서 버티어 봤다가 원래 약속한 시간에 만나는 거 어때요? 그게 희라 씨에게 더 도움이 될 거라 생각해요. 저 역시도 지금 시간이 빠듯하고요."

"네, 알겠습니다."

'희라 씨, 잘 버텨요!'

마음으로 응원하며 며칠을 보낸 후, 희라 씨를 만나는 날이 되었다.

희라 씨는 차가운 얼굴로 들어왔다. '화가 났구나.' 바로 알아차릴 수 있었다.

"희라 씨 어떻게 지냈나요?"

"안 좋아요. 계속 안 좋아요. 상담이 도움이 하나도 안되는 것 같아요"

희라 씨는 분노에 찬 눈빛으로 나를 바라봤다. 분명 원망의 눈빛이었다.

숨을 골랐다.

"음…. 상담이 도움이 안 된다고 느끼시는군요…. 그렇게 느꼈다니 저도 속상해요. 지난번에 굉장히 힘들었을텐데 상담에 못 와서 어땠는지도 궁금해요…. 속상했을 것 같기도 하거든요."

나는 바로 본론으로 들어갔다.

"맞아요. 그랬어요. 진짜 힘들 때 함께 해주지 못한다면 그게 무슨 소용이 있죠? 그냥 의무적으로 상담해 주시는 거 아닌가요?"

바로 불편한 감정과 함께 방어적 표현을 하고 싶은 마음이 쑥 올라왔다. 그렇지만 이런 반응은 내담자에게 도움이 되지 않는다는 걸 안다.

숨을 고르며 내담자의 분노를 그대로 느껴본다.

그리고는 어떤 언어로 내담자의 감정을 담아낼지 한참을 침묵 속에 고민한다.

앞으로의 상담에서 우리는 정말 많은 것들을 함께 할 것이다. 천천히 오랜시간 공을 들여….

앞선 사례는 경계선 성격 구조를 가진 내담자와의 상담에서 자주 발생하는 상황을 보여준다. 이처럼 경계선 성격을 가진 사람은 경계가 없는 가정에서 성장하였고 자기와 타인에 대한 경계가 희미하다. 그로 인해 반복해서 경계를 침범하려고 하며 정서적인 불안정성이 매우 높다. 더불어, 경계성 성격을 가진 사람은 상대방이 멀어지면 가까워지려고 하고 가까워지면 멀어지려는 특성이 존재한다.

이 특성의 뿌리는 유년기의 애착 관계에 있다. 주 양육자가 아이에게 생존을 위한 보호자임과 동시에 위협적인 존재일 때, 아이는 다가가지도 도망치지도 못하는 혼란스러운 상태를 경험한다. 예를 들어, 부모가 자녀에게 심한 성적, 정서, 물리적 학대를 한 경우 아이는 부모를 사랑하면서도 두려워하게 된다.

따라서 상담에서도 내담자는 상담사에게 다가갔다가 멀어지는 행동을 반복한다. 너무 힘들거나 두려울 때, 스스로

견딜 수 없다고 지각하기 때문에 상담자에게 자주 연락하며 현재의 힘든 마음을 해결해 달라고 요청한다. 이때 초심 상담자는 내담자의 절박한 요구를 자주 들어주기도 하는데, 내담자가 고마워하지 않을 수 있다. 가까워지면 상담자가 자신을 해칠까 봐 두려워지기 때문이다(어렸을 때 부모에게 느꼈던 것처럼). 오히려 내담자는 상담자가 자신을 이용할까 봐 두려워하며 비난하기도 한다. 따라서 경계가 잘 설정되지 않았던 내담자를 위해 상담자가 안정적으로 경계와 구조를 지켜주는 것이 내담자의 변화에 중요한 열쇠가 된다. 내담자는 상담자가 일정한 규칙을 유지하는 것에 대해 분노하고 비난하겠지만 종국에는 그 구조 안에서 안정감을 느끼고 타인과 건강하게, 경계를 지키면서 장기적으로 관계하는 법을 배우게 된다.

이러한 관계 양식은 연애에서도 반복된다. 희라 씨의 주양육자는 아버지였다. 아버지는 욱하는 성격으로 희라 씨를 자주 때렸다. 또한, 자신의 기분에 따라 심한 말을 일삼았다. 나를 살리는 자가 나를 죽일 수도 있는 상황, 굉장히 공포스러운 상황에서 자녀는 부모에게 다가가지도 멀어지지도 못하는 얼어붙은 상태가 된다. 이러한 아이가 성장하면 상대방이 다가오면 나를 해칠 것 같은 두려움에 도망가고, 상대방이 멀어지면 다시금 다가가서 애원하는 혼란스러운 연애 패턴을 갖게 된다.

    희라 씨는 상담에서 나를 원하다가도 원망하고 멀어지고 차가워지는 행동을 반복했다. 이것은 희라 씨의 연애에서 수없이 반복되는 양식이었다. 희라 씨는 그 누구와도 연애를 오래 하지 못했다. 연애를 하면 상대방을 못살게 굴었는데 상대방이 다가오면 상대방이 하찮게 느껴지거나 자신을 이용하려는 대상으로 지각되어 두려운 마음이 올라왔다.

연인이 다가올 때 희라 씨의 마음 상태

'나한테 왜 이렇게 다가오는 거야?
대체 무슨 목적 인거야?'
(이용당할 것에 대한 두려움)

'별것도 아닌 놈이랑 내가 왜 연애하고 관계해야 하지?'
(연인을 평가 절하)

    반면, 상대방이 멀어지면 극도로 불안해지고 상대가 아니면 죽을 것 같았다. 갈등 상황이 되면 버림받을까 두려워 애원하며 매달렸다. 또는 자살할 것이라고 협박 등을 하기도 했다. '나 죽어버릴 거야! 나 지금 옥상이야' 등의 연락을 보냈다. 그 과정에서 상대방이 이리 치이고 저리 치이다 지치고 두려운 마음에 희라 씨를 떠나게 된다. 상대방은 사랑을 제대로 받지 못했기 때문에 떠나는 것이 자연스러운 수순이다. 그럼에도 불구하고 희라 씨는 '결국 난 버림받았어.'라는 신념을 강화한다.

> '나 저 사람 없으면 안되는데….
> 제발 내가 다 잘못했어. 한 번만 용서해줘. 제발.'
> (자신을 평가 절하)

연인이 멀어질 때 희라 씨의 마음 상태

사실 희라 씨도 진정으로는 사랑이 뭔지도 모르겠고 그냥 이 복잡하고 혼란스러운 마음이 힘들기만 할 뿐이다. 마음이 시도 때도 없이 흔들리고, 흔들리는 마음 상태를 스스로 진정시키지 못해 날것 그대로의 감정들이 상대에게 전해진다.

희라 씨는 오랜기간 상담하며 관계에서의 구조를 세우고 대상에 대한 항상성[14]을 조금씩 키워나가게 될 것이다. 죽

---

14) 대상항상성은 어머니(대상)가 눈앞에 있든 없든, 또는 자신의 욕구를 충족해주든 그렇지 못하든 상관없이 어머니(대상)에 대한 일정한 고정된 이미지를 간직하는 유아의 능력을 의미한다(네이버 상담학사전).

을 것 같아 상담사에게 급하게 톡을 보내는 일도 점점 줄어들 것이다. 당장 상담사가 눈에 보이지 않더라도 그곳에 있다는 것, 매주 상담실에서 만날 수 있고 항상 날 생각하고 있다는 것을 받아들이기까지 시간이 걸릴 것이다. 우리는 마음의 기초 공사를 하나씩 하나씩 해나갈 것이다. 그렇게 마음의 집을 짓는 작업이 시작된다.

나는 대상항상성이 있는 사람인가요?

아래의 질문에 해당하는 경우 V 표시를 해보세요.

☐ 연인이 연락이 되지 않아도 이유가 있을 거라 생각한다.

☐ 연인이랑 다투었어도 그/그녀가 여전히 나를 사랑하고 있음을 안다.

☐ 연인이랑 몇 주간 보지 못하게 되더라도 불안해하지 않는다.

☐ 연애하는 것 외에도 자신의 취미생활이나 우정, 개인적인 성장에 집중한다.

☐ 연인을 떠올리면 마음이 따뜻해지고 편안해진다.

☐ 연인에게 끊임없는 사랑에 대한 확신을 구하지 않는다.

☐ 자신의 행복을 위해 연인에게 지나치게 의존하지 않는다.

(V)개수가 많을수록 당신은 대상항상성이 높은 사람입니다.

CHAPTER
03

나의 관계 돌아보기

/ 넓은 의미의 사랑 /

3.1

친구들이 모두 저를
질투해요

30대 소희 씨는 6년 차 직장인이다. 소희 씨의 가장 큰 고민은 주변인들의 시기, 질투다. 그러다 보니 사람들이 자신을 질투할까 봐 말 하나하나가 조심스럽다. 자신의 순수한 의도가 매번 오해받는 것 같아 억울하고 화가 난다. 직장생활도 마찬가지였는데, 초반에는 동기들과 삼삼오오 어울려 논 기억도 많았으나 최근 들어 자신도 모르는 사적인 모임들이 있었다는 사실을 뒤늦게 알게 되었다. 한 달 전, 함께 커피를 마시는 자리에서, 자신이 이야기를 할 때 분위기가 싸해지는 느낌과 함께 소외감을 경험했다. 소희 씨는 주변인들이 자신을 질투하는 이유를 자신이 마르고 예쁘고, 일을 잘

해서라 생각했다. 최근 부동산 투자를 잘한 것도 그들이 시기하는 데 한몫했을 것이라 여겼다. '사람들은 남을 욕하는 걸 왜 이렇게 좋아할까? 뛰어난 사람은 이렇게 외로워야 하는 걸까?' 소희 씨는 동료들을 이해할 수 없었고 고고한 학처럼 혼자 다녔다. 소희 씨는 무리에서 점차 소외되었고 지금은 혼자 회사를 다니고 있다. 현 회사가 자기를 품기에는 그릇이 작다는 생각에 이직을 준비 중이다.

소희 씨는 학창시절부터 공부를 줄곧 잘했고 편애를 받는 학생이었다. 그러다 보니 청소년기 관계 안에서 질투받고 시기받는 경험을 하게 되었다. 학창 시절에 잘못한 게 없음에도 불구하고 질투받는 경험을 할 수는 있다. 자연재해처럼 내 의지와 관련 없이 일어나는 일들 말이다. 그러나 성인이 되어서도 같은 경험들이 반복된다면 타인의 문제이기보다는 내 내면세계의 문제일 확률이 높아진다. 왜 그녀에게만 그런 일이 생기는 걸까?

만약 잘난 사람은 시기 질투를 받아 관계 맺기가 어렵다는 공식이 성립하려면 세상에 존재하는 모든 잘난 사람들은 관계가 어려워야 한다. 그렇지만 실제로는 다방면으로 뛰어나면서도 관계를 성숙하게 잘 맺고 주변에 좋은 사람들을 둔 이들이 많다. 유재석 씨, 아이유 씨도 그렇지 않은가?

그렇다면 왜 소희 씨에게만 이런 일이 생기는 걸까? 비련의 여주인공이라서 그런 걸까? 그녀가 세계를 그렇게(질투하는 세계, 이기고 지는 세계) 지각할 확률이 높다. 사람들이 별 의도 없이 한 말과 행동을 자신을 시기하고 질투하는 것으로 해석할 가능성이 높다는 이야기다.

여기서 투사(projection)라는 개념을 잠시 설명하겠다. 투사는 방어기제 중에 하나로 용납할 수 없는 자신의 감정이나 욕구를 다른 사람의 것으로 돌리는 것을 의미한다. 투사는 안에 있는 것을 바깥에서 오는 것으로 오해하는 과정이다(Nancy Mcwilliams, 2018)[15]. 즉, 소희 씨 마음 안에 질투하고 시기하고 경쟁하는 마음들이 큰데, 스스로 그것을 담아내지 못하는 것이다. 그걸 스스로 인정하기에는 불편하고 나쁜 마음이라고 생각해서 자기 것을 남에게 뱉어버리는 거다. '너희들, 날 질투하지? 나랑 왜 이리 경쟁하려 그래. 나는 모두를 사랑하고 경쟁을 싫어하는데. 사람들은 다 못됐어!'

인간 안에는 다양한 마음이 존재한다. 타인을 응원하고 존중하고 사랑하는 마음도 있지만 한편에는 타인을 미워하고 시기하고 질투하는 마음도 존재한다. 그 모든 감정을 느낄 수 있는 존재가 인간이다. 진화론적 관점에서도 두려움,

---

15) N Nancy Mcwilliams, 《정신분석적 진단》, 이기련(역), 학지사, 2018.

분노, 슬픔과 같은 부정적 정서는 생존에 매우 중요하다. 두려움을 느끼면 위협에 맞서거나 도망갈 수 있도록 신체가 각성된다. 즉, 두려움과 불안은 위협으로부터 신속하게 대응하는 데 도움이 되는 정서다. 이렇듯 부정적 정서 또한 인간에게 필수적이며 기능적이다.

그런데 내 안의 긍정적인 감정만 인정하고 고통스럽고 인정하기 싫은 감정은 부인해버리는 사람들이 있다. 가면을 쓰고 반쪽짜리 나로 살아가는 거다. 가면을 썼는지 스스로 자각하지도 못한 채 말이다. 부정적인 감정들을 받아들이지 못하면 이는 처리되지 않은 채, 내가 의식하지도 못한 사이 삐죽삐죽 모습을 드러낸다. 내 마음에 들어온 모든 감정을 손님으로 받아들이고 수용할 수 있어야 다양한 감정들이 처리되고 소화되어, 건강한 관계를 맺을 수 있다. 소희 씨는 투사를 통해 자신에겐 부정적인 것이 하나도 붙어 있지 않은 것으로 지각하지만, 남들이 보기에는 분위기 파악 못 하고 자기 잘난 말만 뱉어내는 밉상이다.

투사를 많이 사용하는 사람은 선과 악이라는 이분법적인 시각으로 세상을 바라본다. 자신을 깊이 있게 이해하지 못했기 때문에 타인도 표면적으로만 이해해서 이분법적인 평가를 내리게 된다. 타인을 장점과 단점을 가진 통합적인 인간으로 지각하기가 어려운 것이다. 세상은 아주 악랄하고 날 이용하고 뺏어가려는 나쁜 세계로 인지된다. 좋은 것만 가지고 있는 나와 나쁜 세계 속에서 소희 씨는 계속 억울함을 느끼고 빼앗김을 경험한다. 자신은 잘못이 없다고 생각하기 때문에 스스로 변화할 지점을 발견하지 못하게 된다. 그들만 바뀌면 되는 문제니까.

더 무서운 점은 투사를 많이 사용하다 보면 결과론적으로 상대방이 내 예상처럼 행동하게 된다는 것이다. 이게 무슨 말인가 싶을 수 있는데, 한번 설명을 해보겠다. 상대방이 날 싫어하고 질투한다는 느낌이 들면 소희 씨는 그 사람 앞에서 편하게 웃거나 따뜻하게 대하기가 어려워진다. 뭔가 퉁명스럽게 답하거나 적대적인 태도를 보일 수 있다. 동료가 프로젝트를 보여 달라 하면 절대 보여주지 않고 사수를 한다. 그리고 거의 준비 안 했다고 거짓말을 하기도 한다. 그러다 보면 상대방은 '쟤는 왜 이렇게 방어적이지, 왜 저렇게 싸늘하게 반응하지? 자기 잇속만 챙기네.'라고 생각하며 점점 소희 씨를 멀리한다. 그 결과 소희 씨는 '이번에도 사람들이 날 질투해서 날 따돌린다.'라는 결론에 이른다. 이처럼 내가 투사한 것에 상대방도 영향을 받아 투사받은 대로 행동하게 되는 현상을 심리학 용어로 투사적 동일시라고 한다.

결국, 관계가 어려우면 나를 보아야 한다는 거다. 내 마음이 예수와 같이 부처와 같이 깨끗하다면, 타인도 예수와 같이 부처와 같이 보일 것이다. 내 마음에 걸릴 게 없고 맑은 호수와 같다면 타인도 있는 그대로 보일 것이며 대체로 충분히 괜찮게 보일 것이다. 그러면서 관계가 풀린다. 반면 내 마음에 너무 많은 가시가 있고 받아들이기 싫은 면들이 많다면 그걸 소화하지 못하고 뱉어내게 된다. 뱉어낸 나의 일부를 타인에게 던져 버린다. 관계가 어렵다면 나를 돌아봐야 하는 이유다.

3.2

아이와 스킨십이
부담스러워요

40대 초반 나연 씨는 세 돌 된 아이를 키우고 있다. 임신이 쉽지 않았고 5년 만에 어렵게 가진 아이였다. 그런데도 나연 씨는 아이에게 '사랑해'라는 애정 어린 말과 따뜻한 스킨십이 어렵게 느껴졌다. 나연 씨는 최선을 다해 아이를 돌봤기 때문에, 양육에 큰 문제는 없다고 생각해왔다. 그러나 최근 딸이 자신에게 달려오면서 '엄마' 하고 안기자 자신도 모르게 뒤로 물러나는 모습을 발견했다. 게다가 며칠 전 위층에 사는 엄마와 함께 자녀들을 데리고 공동 육아를 하던 중 위층 엄마가 자신의 딸에게 "사랑해, 멋지다." 등 다양한 표현과 관심을 아끼지 않는 모습을 보았다. 사랑스러운 눈빛으로 딸을 바라보는 위층 엄마를 보면서 나연 씨는 '내가 무슨 문제가 있나.' 곰곰이 생각하게 되었다.

나연 씨는 본인의 삶을 쭉 회고하면서 자신의 엄마 역시 그러한 사랑을 주지 않았음을 깨달았다. 어머니는 아버지와 함께 사업체를 운영하시며 매우 바쁘셨다. 나연 씨는 유년 시절 방치된 느낌을 자주 받았다. 혼자 어두운 집에서 TV를 보며 멍하니 가족들을 기다렸던 기억이 생생했다. 어머니는 사업적으로는 성공한 여성이었지만 집안일에는 도통 관심이 없었다. 바쁘더라도 함께 있을 때만은 사랑을 주었으면 좋았으련만…. 언제나 엄마에게 자신은 2순위였다. 함께 있을 때도 자신을 사랑해준다거나 애정을 갖고 돌본다는 느낌을 받지 못했다. 엄마는 차가웠고 엄격했으며 무관심했다. 초등학교 시절 친구랑 싸우고 와서 속상해 엉엉 울었을 때 엄마는 '시끄럽다. 다 큰 애가 왜 이렇게 우냐.'고 혼냈다. 엄마는 어떤 일이 있었는지, 무엇 때문에 우는지는 묻지 않았고 궁금해하지 않았다. 청소년기에도 고민이 생겨 엄마에게 용기 내어 꺼내어본 적이 한두 차례 있지만 돌아오는 반응은 엄마의 비난 섞인 목소리였다. '나약하게 그런 마음 먹으면 안 돼. 속상해하지 마. 세상에 그만큼도 안 힘든 애가 어디 있니.'라며 나연 씨의 감정을 수용해주지 않았다. 감정을 내비치는 것은 약한 것이며 약점 잡히는 일로 치부되었다. 그렇게 나연 씨는 엄마에게 기대려 시도할 때마다 거절감을 경험하였다. 누군가에게 마음을 나누고 연대하고 싶을 때 그럴 수 없음을 지속해서 확인받았다. 상처는 점점 커져갔다. 결국 나연 씨는 어느 순간 엄마와의 연결성을 포기해 버렸다. 그렇게 스스로 잘하는 아이, 힘든 일 없이 씩씩하게 혼자 기능하는 아이로 자랐다. 그런데 이제는 자신이 엄마와 비슷한 모습을 하고 있었다. 나연 씨는 망연자실했다.

뒤에서 자세히 다루겠지만, 나연 씨의 사례는 회피성 애착 유형이 세대 간 대물림되고 있음을 보여준다. 어머니에게서 나연 씨에게로 그리고 나연 씨의 딸에게로 애착 유형은 대물림된다. 애착은 자신과 가장 가까운 중요한 대상에 대해 느끼는 지속적이고 강한 정서적 유대 관계를 의미한다 (Bowlby, 1969)[16]. 따라서 애착 관계는 초기에는 주 양육자와 주로 형성하게 되며 이후에는 자신이 깊게 관계하고 있는 친밀한 대상과 형성하게 된다. 심리학에서는 초기 애착의 영향력을 매우 강조한다. 생애 초기 유아는 스스로 감당할 수 없는 압도적인 정서를 조절하도록 도와줄 애착 대상에게 의존할 수밖에 없다. 주 양육자와의 관계 경험은 뼛

---

16) Bowlby, J. (1969). Attachment and loss: Vol. 1. Attachment. New York: Basic Books.

속 깊이 각인되어 쉽게 잊혀지지 않는다. 유아가 주 양육자와 건강하고 유연한 관계를 형성하였다면 안정 애착이 형성되지만, 주 양육자와의 관계가 건강하지 않았다면 불안정 애착이 형성된다. 불안정 애착 유형은 회피형(무시형), 불안형(집착형), 혼란형(미해결형)으로 나뉜다.

한번 형성된 애착 유형은 쉽게 변하지 않는다. 우리는 성인이 되어 '난 절대 엄마처럼 양육하지 말아야지. 아빠 같은 남자 만나지 말아야지.'라고 다짐하지만, 패턴을 자각하고 변화하려는 꾸준한 노력을 하지 않는 한, 중력처럼 비슷한 패턴이 반복된다.

내가 받은 사랑이 그것뿐이기에…. 내가 보고 느끼고 만져본 사랑의 경험이 그러한 사랑이라서, 내가 줄 수 있는 사랑의 모양이 그것밖에 없게 된다. 새로운 관계 양식과 사랑 방식을 치열하게 배우고 경험하지 않는 한, 이 방식은 반복된다. 어렸을 때 감각적으로 한 체험은 쉽게 사라지지 않는다. 우리가 모국어가 아닌 영어를 성인이 되어서 배우려고 하면 정말 어려운 것처럼. 내 몸에 새로운 사랑의 방식, 관계 양식이 배도록 노력해야 한다. 대물림은 누군가는 끊어야 한다.

세대 간 전이를 끊어내고자 상담실에 온 내담자를 볼 때, 나는 그들이 전사처럼 느껴진다. 누구보다 강인한 전사. 사람들은 상담에 오는 사람을 나약한 사람이라 생각하지만 내 생각은 그 반대다. 상담을 통해 내담자 내면에 있는 강인함을 본다. 내담자는 누구보다 자신의 삶을 바꿔보고자 열의에 차 있는 자다. 자신의 생을 사랑하는 사람이다. 이 자리를 빌려 존경의 박수를 보낸다.

   우리는 고리를 끊는 자가 되어야 한다. 왜냐하면, 내 인생은 대물림이라는 어쩔 수 없는 흐름에 수동적으로 맡겨진 것이 아니기 때문이다. 거꾸로 거슬러 오르는 연어처럼, 환경의 흐름에 반해 내가 주체적으로 내 인생의 방향을 바꾸어내었으면 하는 바람이다.

3.3

엄마에게 죄책감이 들어요

죄책감의 사전적 정의는 저지른 잘못에 대하여 책임을 느끼는 마음이다. 죄책감은 우리 모두에게 필요한 감정이지만 죄책감을 지나치게 많이 느끼면 문제가 생긴다. 가장 큰 문제는 자유롭지 못함인데, 죄책감에 발이 묶여 자신의 욕구와 일치하는 행동을 하기가 어려워진다. 특히 부모에 대해 과한 죄책감을 가지는 분들이 많다.

예를 들어 아빠가 "너를 위해 희생했고 내 삶을 바쳤어. 너로 인해 내 꿈도 포기했어."라는 이야기를 자주 한다고 생각해보자. 아이의 마음에는 큰 죄책감이 자리 잡게 된다. 나를 위해 희생한 부모님에게 어떻게 갚아야 할지 마음 한쪽

이 불편하다. 무언가 갚아야 할 것들이 많은 것 같아 어깨가 무겁고 압박감이 든다. 그러나 자녀를 낳은 것은 어디까지나 부모의 선택이며 어떠한 방식으로 살 것인지도 그들 스스로 결정한 것이다. 따라서 '너를 위해 희생했다'고 너무 자주 푸념하는 것은 잘못된 태도다. 어느 순간 아이는 자라, '누가 낳으래?'라는 반발심을 갖게 될지도 모른다.

부모가 자녀에게 이런 이야기를 하는 것은 자녀에게 기대하는 심리가 있기 때문이다. 자신의 희생에 대해 감정적 위로와 물질적 보상을 받고 싶을 수 있다. 또는, 자녀가 성공함으로써 자신이 성공한 것 같은 대리만족을 느끼고 싶을 수도 있다. '내가 너를 이렇게 헌신하며 키웠으니 내가 원하는 아들이 되어야지. 내가 원하는 딸이 되어야지.'를 무언중에 강요한다. 자녀를 자신의 소유물이나 어린 시절의 자신으로 투영하기 때문이다. 그래서 자신이 원했으나 이루지 못했던 것들을 자녀에게 강요한다. "나는 어렸을 때 정말 변호사가 되고 싶었어. 그런데 집이 너무 가난해서 포기했거든. 그런데 넌 엄마가 경제적으로 모든 지원을 다 해주는데 뭐가 문제니?"

자녀는 자신의 삶을 살고 싶을 때마다 죄책감이 들게 된다. 나이가 들어 독립하고 싶지만 자신을 기다리는 엄마가 걱정되어 독립하지 못한다. 평생의 꿈이었던 해외 유학도 부모가 걱정된다는 이유로 접는다. 나만의 시간을 갖고 싶지만 죄책감 때문에 끊임없이 걸려오는 엄마의 전화를 받고, 엄마의 푸념과 한탄을 몇 시간씩 듣는다. 내가 진정 원하는 꿈은 따로 있는데, 부모가 원하는 대학의 학과를 들어가고 부모가 바라던 직업인이 된다.

자녀를 통해 자신의 결핍을 해소하고 자신의 특별함을 확인하려는 시도는 자녀를 짓눌리게 만든다. 특히 상담 현장에도 밀착된 모녀관계로 내방하는 사람들이 많다. 나 역시 엄마와 꽤 밀착된 관계이긴 하나 그 관계에서 죄책감에 시달리지 않기 때문에 나름 건강한 관계라 생각한다. 관계의 형태는 다양하기에 무엇이 가장 정상적이고 건강한가에 대한 명확한 기준은 없다고 본다. 어떤 모녀는 다소 먼 거리감을 유지할 테고 어떤 모녀는 꽤 가까울 거리에서 관계를 맺을 것이다. 중요한 건 나에게 맞는 행복한 그 거리감을 찾아가는 것이다.

이 글을 읽으면서도 '어? 나도 엄마에게 죄책감을 많이 느끼는데?'라고 생각하는 사람이 있을 것이다. 심지어 이런 글을 읽는 것만으로도 죄책감을 느낄 수 있다. 엄마에게 잠시 분노를 경험하는 것만으로도 죄책감을 느낀다는 말이다. 오히려 엄마에 대한 죄책감에 시달리면서도 살짝씩 올라오는 분노감을 자각했다면 좋은 신호다. 그 분노를 좀 더 잘 느껴보자. 잘 느껴야 잘 처리할 수 있고 앞으로 어떻게 엄마와의 관계 양식을 건강하게 만들어 나갈지 결정할 수 있다. 죄책감이 느껴지는 관계가 아닌 덜 무거운 편안한 모녀 관계가 되길 바란다.

결론

건강한 부모라면, 자녀에게 큰 죄책감을 부여하지 않는다. 왜냐하면, 본인이 자녀를 낳기를 선택했고 희생도 본인이 스스로 감당할 수 있는 몫만큼만 할 것이기 때문이다. 자녀를 진정으로 사랑하는 부모라면 부모에 대한 죄책감의 무게로 자녀가 자신의 삶을 향해 훨훨 날아가는 것을 방해하고 싶진 않을 것이다. 그러니 '부모가 나를 너무 사랑하고 희생했기 때문에 죄책감이 많이 드는 거야'라는 생각은 하지 말기를.

3.4

집이 삭막하고 외로워요

우리는 제각기 다른 경험을 하며 살아간다. "어렸을 때 가족 분위기는 어땠나요?"라고 물어보면 어떤 이는 화목하고 따뜻한 원가족 경험을 회상할 것이다. 반면 어떤 이는 "우리 가족은 서로를 잘 몰라요.", "집은 벗어나고 싶은 한없이 불편한 공간이었죠."라고 답한다. 이처럼 우리가 겪는 주관적인 가족 경험은 각기 다르다.

지금 얘기할 가족의 형태는 정서적 교류가 없는, 건조한 가족의 형태다. 이런 가족에서는 성취나 성과에 관한 열띤 논쟁을 벌이지만, 정작 감정적인 교류는 없다. '오늘 학교에서 어떤 즐거운 일이 있었는지, 힘든 건 없었는지'와 같은 정서적 질문을 하지 않는다. 심지어 "나 오늘 학교에서 힘든 일이 있었어."라고 자신의 일을 털어놓아도 "다들 힘들게 살아, 자꾸 힘들다고 하면 어떻게 하니!"라며 질책한다. 감정을 나누는 것이 금기시된다.

이런 환경에서 자란 아이는 집안에서 큰 외로움을 경험한다. 외로움이 기본값이 되어 스스로 외로움을 자각하지 못할 수도 있지만, 뼛속 깊이 각인된 외로운 경험들이 내면에 봉인되어 있다. 어렸을 때 기억나는 장면을 회상해 보라고 요청하면, '혼자서 부모를 기다리며 티비를 하염없이 보고 있는 장면', '누워서 혼자 눈물을 흘렸던 장면' 등을 떠올리는 경우가 많다.

어렸을 때 혼자서 티비 본 경험은 다들 있을 것이다. 중요한 건 혼자서 티비를 봤는지의 여부가 아니다. 유년기 기억에 관해 질문했을 때, 주로 이런 장면들이 회상된다는 점이다. 기억에서 꺼내지는 장면들은 어린 시절 주로 느꼈던 정서와 관련이 높다.

어린 시절 정서적인 수용을 받아본 경험이 없는 경우, 스스로의 감정을 알아차리기 어렵다. "엄마, 요새 공부가 잘 안되고 성적도 오르지 않아서 힘들어."라고 말했을 때, 엄마가 "그래, 잘 하고 싶은데 그만큼 안되니까 마음이 불안할 수 있지. 너가 얼마나 잘하고 싶어했는지 엄마도 아니까. 혹시 엄마가 도와줄 게 있니?"라고 반응한다면, 자녀는 '아, 내가 잘하고 싶은데 안돼서 불안하구나!' 하고 자신의 마음을 선명하게 이해할 수 있다. 반면, 엄마가 "야, 다들 힘든데 이겨내야지. 뭘 나약하게 불안해하고 그래. 그런 생각 말고 그 시간에 공부나 더 해."라고 한다면, 자녀는 자신의 감정을 부정당했다고 느낀다. 결국 스스로의 감정을 부정하며 성장하게 된다.

감정에는 욕구가 담겨있다. 따라서 감정을 스스로 자각하지 못하면 자신이 진정 무엇을 원하는지 알 수 없게 된다. 이것이 정말 큰 문제다. 이것저것 큰 결정을 내려놓고 '이게 내가 진짜 원하는 게 아니었는데, 내가 왜 이렇게 살고 있는 거지?'라며 크게 방황하는 경우가 많다.

게다가 정서적으로 건조한 집안에서 충분한 애정과 사랑을 느끼지 못하면 마음 텃밭이 황량할 수 밖에 없다. 이렇게 마음이 허기진 경우, 삶에서 힘든 상황에 직면했을 때 끌어다 쓸 영양분이 부족하다. 그러므로 어렸을 때 마음의 양분을 충분히 섭취하지 못했다면, 이제라도 내 마음 밭을 풍요롭게 가꾸어야 한다. 어렸을 때 만들지 못했던 마음 밭을 지금부터 만들어 나가면 된다.

내 마음 밭을 가꾸기 전에 우선해야 할 작업이 있다. 바로 과거에 대한 애도 작업이다.

'내가 참 외롭게 자랐구나. 참 받고 싶었던 그 경험을 못 받았구나.'

상실한 경험에 대해 애도하고 슬퍼하는 작업을 충분히 해주길 바란다. 많은 이들은 과거에 대해 이야기할 때, 부모에게 죄책감을 느낀다. 그렇지만 부모를 원망하고자 과거를 다루는 것이 아니다. 상실한 경험에 대해 슬퍼하고 애도하기 위해서다. 상처 받았던 자신의 마음을 위로해주어야 한다. 그래야 어린 시절 상처 받았던 아이가 아닌 현재의 자신으로서 온전히 살아갈 수 있다.

결론

황량한 마음을 비옥하게 가꾸자. 비옥하게 마음 밭을 갈기 전에, 우선적으로 할 일은 황량할 수 밖에 없었던 마음에 대해 슬퍼하고 애도하는 것이다. 그래야 마음속 깊은 슬픔이 처리되고 새로운 감정들이 들어올 공간이 생길 것이다.

3.5

거절이 어려워요

거절은 모두에게 썩 달갑지 않은 행동이다. 나 역시 웬만하면 이런 상황이 오지 않길 바란다. 그럼에도 불구하고 우리는 살아가면서 거절할 상황들을 마주하게 된다. 그것도 많이.

"그 부탁은 들어줄 수 없을 것 같아.", "죄송합니다. 이번 회식은 참석 못 할 것 같아요." 이처럼 상대방의 요청을 거절하는 행위는 용기와 힘이 있을 때 가능하다. 이는 누군가의 욕구보다 내 욕구에 귀를 기울여 행동하는 태도다.

물론 상황에 따라서 나를 희생하며 타인의 요청을 들어줄 수도 있다. 사람 냄새 나는 세상이기에 때로 나를 조금 희생하는 유연함도 필요하다. 하지만 거절을 유난히 어려워하는 사람들이 있다. 그래서 모든 일을 "제가 할게요." 하며 떠맡고 원치도 않는 모임에 계속 나간다. 친구의 선 넘는 부탁을 여러 번 들어주기도 하고….

내 욕구를 누르고 심지어 병들면서까지 거절하지 못하는 이유는 무엇일까? 그중 하나는 사랑받고 싶기 때문이다. 사랑받고 싶지 않은 사람이 어디 있으랴. 그런데 거절을 어려워하는 사람들은 종종 이런 생각을 한다. '착한 사람일 때만, 사랑받고 수용받을 수 있다.' 이를 심리학적 용어로는 비합리적 신념이라고 부른다. 이러한 신념은 유년기에 대부분 형성된다. 만약 착한 행동, 희생하고 배려하는 행동을 했을 때만 부모에게 조건적으로 수용받고 칭찬받았다면 '착함'이라는 정체성이 생겨버릴 수 있다. 인간에게는 사랑받고자 하는 본질적인 욕구가 있기 때문에 정서적 생존을 위해 '착함'이라는 정체성을 버리기 어려워진다.

진정으로 원해서 기쁜 마음으로 부탁을 들어주는 것이 아니라, 속으로는 원하지 않으면서 타인의 승인을 얻기 위해 한 승낙은 진정한 착함이라 보기 어렵다(부탁을 다 들어주는 것이 착한 것이라고 정의하기도 어렵지만). 여하튼 기쁜 마음으로 베푼 선의가 아니기 때문에, 마음속에는 쌓이는 것이 있기 마련이다. 상대방에 대한 꽁한 마음, 서운한 마음, 화나는 마음이 쌓여 갑자기 폭발하거나 손절을 하는 상황이 생긴다. '이렇게까지 배려했는데, 그걸 하나도 몰라주는 사람'이라고 상대방에게 프레임을 씌우며…. 물론 맞는 평가일 수 있지만 나의 책임도 있다. 내가 거절하지 않았고 지나친 요구에 불편하다고 표현하지 않았기 때문에 상대방은 '이 사람은 부탁을 들어주는 것을 좋아하는 사람이구나'라고 생각할 수 있는 것이다. 상담에서 이런 이야기들이 오가면, 내담자들은 다음과 같이 이야기 한다. "어떻게 그럴 수 있나요? 그렇게까지 이기적일 수 있나요? 꼭 그걸 말해야 아나요?" 그러나 말해야 알 수 있다. 말을 안했는데 상대가 나의 속을 어찌 알겠는가. 타인에 대한 너무 높은 기대를 하는 것이다. 내가 부탁을 들어주며 얼마나 힘들고 상대방을 위해 애썼는지 (전혀 내색하지 않았음에도) 그 마음 그대로 알아주길 바라는 마음은 너무 큰 기대다.

내가 거절하지 못하고 나서 타인을 원망하는 것은 썩 성숙한 태도라고 생각되지 않는다. 부모가 착한 아이일 때만 나를 수용했을 수 있다. 그러나 지금 내가 관계하는 사람들은 내 부모가 아니다. 따라서 더 이상 그 방식으로 관계 맺지 않아도 된다. 나도 내 마음에 귀를 기울여주면 좋겠다.

타인의 요청에 즉각 반응하기보다는 나에게 먼저 이런 질문을 던져 보자. 'OO아, 넌 지금 마음이 어때? 어떤 생각이 들어? 어떻게 하고 싶어?'

3.6

평판이 좋은 나, 실은 공허하고 외로워요

'○○씨는 정말 괜찮은 사람이야.'라는 평판을 듣고 있음에도, 퇴근 후 집에 가는 길에는 알 수 없는 허무함, 공허함이 밀려오는 경험을 해본 적이 있을 것이다. 대기업을 다니며 결혼을 전제로 한 듬직한 연인이 있다는 점에서 주변 사람들이 부러워할지 모른다. 그러나 군중 속에서 즐거운 듯 웃고 있어도 혼자만의 시간이 주어지면 누구와도 닿지 못한 것 같은 허무함, 외로움이 물밀듯이 몰려온다.

가까운 친구들에게 요새 마음이 좀 공허하다고 슬며시 이야기를 꺼내 봤지만 '네가 배가 불렀구나.'라는 뉘앙스의 눈 흘김을 받거나 대수롭지 않게 넘겨질 뿐이다. 기껏 꺼내려 했던 마음이 다시 거북이 등딱지 속으로 쏙 들어간다.

남들이 보기에는 부러움, 선망의 대상인데 왜 정작 나의 마음은 외롭고 공허한 것일까? 생각은 꼬리에 꼬리를 물고 '내가 너무 고민할 게 없어서 억지로 고민을 쥐어짜는 건 아닐까?'라는 합리적 자기 의심으로 이어진다. 그렇지만 현시대에 가장 높은 수입과 명성을 얻게 되는 연예인들이 죽음을 선택하는 경우를 보면 평판만으로 행복을 담보할 수 없다는 건 분명하다.

10명 중 2명은 나를 좋아하고 7명은 나한테 관심이 없으며 1명은 나를 싫어한다는 말이 있지 않나. 그렇다면 모두에게 평판이 좋다는 것은 예외적인 상황이라고 할 수 있다. 자연스러운 상황을 넘어서는 평판을 만들기까지 얼마나 많은 애씀이 있었겠는가. 이 사람에게도 저 사람에게도 각자의 특성을 고려하여 맞춰주었을 것이다. 항상 밝은 모습으로 관계하며, 자신의 솔직한 마음은 나누지 않았을 것이다. 사회적 가면이 매우 두꺼운 경우라고 할 수 있다. 사회생활을 하면서 적재적소에 맞는 가면을 쓰는 것은 유용한 스킬이자 적응적인 부분이기도 하다. 그러나 사회적 가면이 너무 두꺼우면 문제가 된다. 과한 것, 넘치는 것, 유연하지 못한 것은 언제나 문제가 된다.

매번 두꺼운 가면을 쓰고 사람들을 만나고 집에 돌아와

서야 겨우 그 가면을 벗겨낼 수 있다면 얼마나 숨이 막히겠는가. 가면을 너무 오래 두껍게 쓰다 보니 어느 순간 진짜 내가 누군지, 뭘 원하는지도 잘 모르게 될 것이다. 가면이 주는 숨 막힘이 목 끝까지 차오를 때 공황 증상이 나타나기도 한다.

자신이 원하는 것을 모르면, 스스로에게 원하는 바를 줄 수 없기 때문에 공허할 수 밖에 없다. 사람들과 진정으로 마음을 나누지도 못했기에 느껴지는 깊은 외로움과 공허함은 순간적인 폭식이나 쇼핑중독으로 이어지기도 한다. 음식을 흡입하며 공허를 메워보는 것이다. 물론 심리적 구멍이 나 있기에, 물리적인 채움으로 해결되지는 않는다. 그저 잠깐의 꽉 찬 느낌이 들 뿐이다.

심리상담이나 심리교육의 궁극적인 목표는 나답게 사는 것이라 생각한다. 나답게 일하고 나답게 관계하고 나답게 사랑하는 것. 사람들이 원하는 나의 모습 말고 진짜 내가 원하는 바가 무엇인지 마음의 소리를 들어보자. 지나치게 눈치 보지 말고 자연스럽게 행동하자. 그 모습을 누구는 좋아할 것이고 누구는 아무 생각 없을 것이며 소수는 싫어할 것이다. 그렇지만 이게 나인데 어쩌하랴. 모두가 나를 좋아해야 한다는 것은 욕심이며 자신에 대한 과대 기대이자 과대평가다. 자신에게 묻자. '야. 너가 뭔데? 모두에게 사랑받아야 돼? 너 뭐 돼?' 이런 질문은 웃음을 주면서도 철학적인 질문이다. 진짜 내가 뭔데? 그냥 나답게 즐겁게 살아가는 평범한 인간 김광수, 최옥순 아닌가? 이 질문이 강박적이고 건강하지 못한 기준들을 내려놓도록 도와줄 것이다.

결론

평판 중요하다. 그러나 평판보다 나의 행복이 우선한다. 나를 좋아하는 사람은 10명 중 2명 정도라는 삶의 자연스러운 평균 비율을 받아들이고 타인보다 나에게 중심을 두자.

3.7

상사와 자꾸 싸우게 돼요

직장생활에서 가장 큰 스트레스 중 하나는 상사와의 갈등이다. 상사는 어느 회사에든지 존재하며, 나의 승진과 관련된 사람으로 신경 써서 교류해야 할 대상이다. 문제는 상사를 선택할 수 없다는 점이다. 어느 집단에 가든 나랑 맞는 사람이 있고 불편하거나 싫은 사람이 있기 마련이다. 회사라는 집단도 마찬가지로 불편하고 나를 괴롭게 만드는 사람이 한두 명은 있을 것이다. 그런데 그런 사람이 상사라면? 회사 생활이 매우 고달파진다.

특히 상사와 자주 부딪히는 사람들이 있다. 상사가 존경할 구석이 없다고 생각하며 상사에게 알랑방귀를 뀌는 사람들을 몸서리치게 싫어한다. '나는 저런 눈에 빤히 보이는 가식적인 행동 따위 안 해.'라며 고개를 절레절레 젓는다. 문제는 이런 관계 방식이 자신에게 득이 되지 않는다는 것이다.

주변에서도 이 사람을 존경하기보다는 까다로운 사람이라고 인식할 확률이 높다. 사람들은 조화를 깨뜨리거나 지나치게 경직된 사람, 타인을 비난하는 사람에게 그렇게 좋은 점수를 주지 않는다. 생존하기 위해서 살아남기 위해서, 상사에게 적당히 여우짓을 하는데 그런 나를 가식덩어리라고 비난한다면 억울하지 않겠는가? 각자마다 가진 사정이 있는 것인데, 경직되고 당위적인 잣대로 평가, 판단 하니 말이다. '이 과장님, 정말 이상해. 내 인생 최악의 과장이다.'라며 상사를 욕하고 퇴사했지만 새 직장에서도 상사가 마음에 안 들고 자꾸 갈등하는 일이 발생한다면? 매번 상사 때문에, 사람 때문에 퇴사를 반복할 수는 없다. 정말 원하는 회사, 원하는 직무를 직장 상사 때문에 포기한다면 그 손해는 고스란히 나에게 돌아올 것이다.

왜 상사와 자꾸 갈등하게 될까? 한 가지 가설로서 권위자, 힘, 권력에 대한 주제가 자신에게 있을 수 있다. 부모님을 마음속 깊이 존경하기 힘든 환경에서 성장한 여성을 가정해보자. 부모를 존경할 수 없는 마음은 상사, 권위자를 존경할 수 없는 마음으로 연결된다. 처음 만나는 어른을 존경할 수 없었기 때문에 세상의 어른들을 존경하기 어렵다. 이 여성은 이런 생각을 품고 회사 생활을 하고 있을 것이다. '어른들은 별로 하는 것도 없으면서 누릴 건 다 누리고 지위를 이용해서 찍어 누르지. 하나같이 존경할 구석이 없어.'

본질적으로 이런 부분들을 해결하기 위해서는 자신을 이해하는 게 중요하다. 나한테 이런 주제가 있다는 것을 이해하고 나면, 좀 더 차분하게 대응하게 된다. 심리학에서는 이를 '핵심 주제'라고 한다. 사람마다 가지고 있는 핵심 주제가 몇 가지 있고 그 주제들이 평생에 걸쳐서 나에게 영향을 미친다. 예를 들어 무능력한 아빠에 대한 분노라는 핵심 주제가 있으면 남자 상사의 무능력함을 볼 때 참기가 어려워진다.

관점을 조금 바꿔보면 어떨까? 어떤 경험을 바라볼 때 나를 고통스럽게 하는 경험이 아닌, 나를 성장시킬 경험으로 보는 것이다.

'당장 들이받고 때려칠까?'
→ '내가 지금 여기서 뭘 배울 수 있지?'

내가 이 상사와의 갈등을 잘 다루어 나갈 수 있다면, 상사와 잘 맞지 않음에도 불구하고 이 회사에서 1년 이상 근무해 낼 수 있다면 이는 나의 맷집을 키워주는 경험이 될 것이다. 그리고 이 경험은 나의 핵심 주제를 직면하고 다뤄보는 경험으로 쓰일 것이다. 그렇다면 결과가 어떻든 나에게 득이 된다. 이 회사를 계속 다니든, 이직을 하든, 창업을 하든 상관없이 나에게 득이 될 것이다. 왜냐하면 내 마음의 핵심 주제가 다뤄졌기 때문에 어떤 상황에서라도 좀 더 편안하고 자유롭게 관계할 수 있기 때문이다. 단, 정말 힘든 사람을 만나더라도 무조건 버티라는 뜻은 전혀 아니다. 어떤 사람이나 상황이 나의 내면을 파괴한다면 빠르게 벗어나는 것이 좋다. 여기서 말하는 상황은 어떤 상사를 만나든 반복적으로 불만이 생기고 갈등이 생기는 경우다.

단 한 번뿐인 순간들이 모여 인생이 된다. 다시는 오지 않을 순간들을 원망의 시간으로 흘려버릴 것인지 나의 자양분이 되는 경험으로 삼을 것인지는 모두 나의 선택에 달렸다.

CHAPTER
04

왜 관계가 어려울까

/ 애착편 /

4.1

도대체 관계는 왜 어려운가요

'대체 이렇게 관계가 어려운 이유는 뭔가요?'

많은 이들이 묻는다. 대표적인 이유 중 하나로 애착을 꼽는다. 그렇다면 관계를 잘하는 데 기여하는 대표적인 요인인 애착에 대한 이해를 꼭 하고 넘어가야 한다.

애착은 친밀한 사람 사이에서 형성되는 강한 정서적 유대를 뜻한다(Bowlby, 1958)[17]. 인간은 물리적 생존뿐만 아니라 정서적 생존을 위해 애착 대상이 필요하다. 아기의 탄생을 상상해보자. 엄마의 따뜻한 자궁 안에서 탯줄을 통해 편안하게 모든 양분을 공급받던 아기가 갑자기 좁은 산도를 통해 힘겹게 세상 밖으로 나오게 된다. 환한 빛, 차가운 공기. 아기는 난생처음 만나는 수만 가지의 강렬한 감각 속에서 몸부림친다. 우리에게 익숙하고 무딘 자극일지라도 아이에겐 처음으로 만나는 강렬한 자극들이다. 아기는 이 자극들을 혼자서 처리할 수 없다. 정서적 생존을 도와줄 애착 대상이 반드시 필요하다. 주 양육자는 아이의 울음에 적절히 반응하여 추위를 느끼는 아이를 따뜻하게 해준다. 찝찝함을 느끼는 아이의 축축한 기저귀를 갈아준다. 허기를 느끼는 아기에게 수유한다. 이렇게 주 양육자는 아이의 정서 조절을 돕는다.

아이는 정서적 생존을 돕는 주 양육자[18]에게 절대적으로 의존할 수밖에 없다. 따라서 자녀에게 미치는 주 양육자의 영향력이 매우 커진다. 구체적으로는 부모와 맺는 관계 양식이 이후의 관계 맺기 방식에 영향을 미친다. 이를 애착 유형이라고 부른다. 정리하면, 애착 유형은 어린 시절 부모와의 관계에서 형성돼 오랫동안 유지되는 인간관계의 틀이다. 어린 시절 부모와의 관계에서 나의 애착 유형이 형성되고 이에 따라, 나에 대한 지각(자기표상)과 타인에 대한 지

---

17) Bowlby, J. (1958). The nature of the child's tie to his mother, International Journal of Psychoanalysis, 39, 350-373.
18) 애착 유형은 주 양육자와의 관계에서 형성된다. 가족의 개념이 확장되고 있기에 주 양육자로는 부모, 조부모, 친척 등 매우 다양할 수 있다. 다만, 편의를 위해 주로 부모라고 통칭하겠다.

각(타인표상)이 형성된다.[19]

최근 부모님들께 이런 말을 종종 들었다. '남편과 사이가 안 좋아서 아이를 잘 못 돌봐줬어요. 아이가 애착에 문제가 생겼으면 어쩌죠?' 이러한 질문은 애착에 대한 인식과 이해가 과거보다 높아졌음을 보여준다. 아이와의 애착을 중요시하고 안정적인 애착 형성을 신경 쓰는 부모들의 모습을 보며, 건강한 변화가 일어나고 있다고 느낀다.

0~3세 사이에 부모가 아이에게 일관적이면서도 수용적이고 유연한 양육을 제공하지 못하면, 아이는 다음과 같은 세계관을 형성하게 된다.

세상은 나를 수용하지 않아!
나는 받아들여지지 않아!
타인은 믿을 수 없어!
타인은 나를 거부해!

문제는 어릴 때 생긴 세계관은 너무나 강력해서 쉽게 변하지 않는다는 거다. 이유가 뭘까? 인간은 태어나 가장 오랜

---

19) Bowlby, J. (1988). A secure base: Clinical applications of attachment theory. London: Routledge.

기간 동안 무력한 시기를 겪는 동물이다. 다큐멘터리를 보면 태어나자마자 바로 걷는 동물들을 쉽게 볼 수 있다. 그런데 인간은 최소 1년이 지나야 아장아장 겨우 걸을 수 있다. 부모가 옆에서 보살펴주지 않으면 생존할 수 없다. 게다가 인간은 정서적 생존이 필요한 존재다. 앞서 언급했듯이, 유아는 스스로 감당할 수 없는 압도적인 정서를 조절하기 위해 애착 대상에게 의존할 수밖에 없다. 따라서 아이는 생존에 필수적인 부모의 관계 스타일에 맞출 수밖에 없다. 만약 엄마가 거부적이고 차가우면 아이는 엄마의 특성에 맞춰서 자신의 욕구를 억누르게 된다. 아이는 엄마의 반응을 보며, 어떤 감정까지 느끼고 어떤 생각까지 허용할지를 결정한다. 부모가 아이의 슬픔을 무시하거나 허용하지 않는다면 아이는 슬픔을 스스로 허용할 수 없게 된다. 아이는 침대에서 이불을 뒤집어쓰고 숨죽여 울게 된다. 성인이 되어, 연애할 때도 연인에게 약한 모습을 보이지 않을 것이다. 나를 살렸던, 나를 생존하게 했던 그 관계 양식을 버릴 수 있겠는가?

변화에는 나에 대한 깊은 이해가 선행되어야 한다. 그래야 나를 질책하지 않고 비난하지 않으며 변화의 과정을 밟아나갈 수 있다. 보통 관계가 어려운 사람들은 막연히 타인을 탓하거나 자신을 탓한다. '왜 내 주위에는 이런 나쁜 사람들만 있는 거야!' 더 나아가서는 '세상 사람들은 다 악하구나. 나를 이용하고 버리는구나!'라며 왜곡된 일반화를 해버린다. 반면 자신을 탓하는 사람들은 '나는 왜 관계를 이렇게 못하는 거야. 나는 실패작이야. 나는 쓰레기야.'라고 자신에게 이야기한다(self-talk). 관계가 어려운 이유를 명확히 찾지 못한 상태에서, 자기나 타인을 단편적으로 비난하는데 그치면 근본적인 변화가 어렵다.

'내가 이런 애착 유형이구나. 나에게 이런 아픔이 있어서 관계가 이런 식으로밖에 흘러갈 수 없었겠구나.'

이렇게 이해하게 되면, 나와 타인을 비난하는 마음이 줄어든다. 자신에 대한 연민이 생긴다. 내가 이렇게밖에 관계할 수 없었음을 내 역사를 살펴보며 이해하고 수용한다. 상담에서는 이를 '타당화 작업'이라고 한다. 자기 비난, 자기 혐오에서 벗어나서 '내가 이럴 수밖에 없었음'을 스스로가 알아주는 것이다. 자기 비난은 자신을 계속 위축되게 만들고 에너지를 빼앗기 때문에 변화하려고 노력하다가도 힘이 빠져 금세 포기하게 된다. 어린 시절을 떠올려보자. 엄마가 자꾸 못한다고 구박하면 내 마음이 쪼그라들어 책을 펼 힘조차 나지 않는다. 반면, 충분히 잘하고 있다고 격려를 받으면 내 안에 긍정적 에너지가 가득 차서 1시간 할 공부를 2시간 하게 되기도 한다. 이처럼 내가 나의 좋은 엄마가 되어 스스로를 공감해줄 수 있어야 지친 마음을 토닥여 변화를 향해 나아갈 수 있다.

'애착 유형은 변하지 않는 것 아닌가요?'라고 묻는 경우가 있다. 애착 유형은 변할 수 있다. 다만 그 과정이 고단할 뿐이다. 연구에 따르면, 애착은 70% 정도 안정적이라고 보고된다.[20] 유년기에 심한 학대를 받았고 매우 혼란스러운 가정에서 성장했다면 더더욱 애착 유형의 변화가 쉽지 않다. 그럼에도 불구하고 우리의 삶은 우리가 선택할 수 있다. 나는 진실로 그렇게 믿는다. 심리학 석사 1학기 때 〈상담 방향과 지향점〉에 대한 짧은 글을 쓰는 과제가 있었다. 아직도 그때 써 내려간 첫 문장을 품고 상담을 한다. '인간은 선택할 수 있는 존재다. 고로 인간은 변화를 선택할 수 있다.'

불안정 애착 유형에서 안정형 애착 유형으로 변한 사람들은 연인, 소중한 친구, 상담가 등과 중요한 관계를 맺고 있었다.[21] 생애 초기의 관계가 나의 애착 유형에 영향을 주었듯이, 현재의 건강한 관계가 애착 유형을 새롭게 변화시

---

20) Water, E., Merrick, S., Treboux, D., Crowell, J., & Albersheim, L. (2000). Attachment Security in Infancy and Early Adulthood; A Twenty-Year Longitudinal Study. Child Development, 71(3), 684-689.

21) Saunders, R., Jacobvitz, D., Zaccagnino, M., Beverung, L. M., & Hazen, N. (2011). Pathways to earned-security: The role of alternative support figures. Attachment & human development, 13(4), 403-420.

킬 수 있다는 뜻이다. 과거에 매여서 삶을 수동태로 받아들이지는 말았으면 한다. 애착 유형은 변화할 수 있고 나의 관계와 나의 삶은 변화할 수 있다.

애착 유형은 크게 안정 애착, 불안정 애착이라는 2가지 유형으로 분류된다. 불안정 애착 유형은 다시 불안형, 회피형, 혼란형으로 나뉜다. 학술적 용어로는 어렸을 때 결정된 애착 유형을 불안형/회피형/혼란형이라고 부르고 성인 애착에서는 불안형을 집착형, 회피형을 무시형, 혼란형을 미해결형이라고 부른다.

안정 애착

안정형   – 일과 관계의 균형이 깨지지 않음
         – 자신과 타인을 긍정함
         – 심리적으로 안정됨

불안정 애착

불안형   – 일보다 관계에 몰두함
         – 자신은 부정하고 타인은 긍정함

회피형   – 관계보다 일에 몰두함
         – 자신은 긍정하고 타인은 부정함

혼란형   – 관계에 몰두와 철회를 반복함
         – 자신과 타인을 부정함

4.2

나의 애착 유형 추측해보기

당신을 가장 잘 설명하는 문장은 무엇인가? 동의하는 문장에 체크를 해보자. 가장 많이 체크 표시가 된 유형은 무엇인가?

1번: 안정형
- ☐ 연인이 나에게 의지하거나 기대도 괜찮다.
- ☐ 연인이 불안해하면 안심시켜 준다.
- ☐ 힘들 때 연인에게 기댄다.
- ☐ 나의 견해와 욕구를 편하게 연인에게 전달한다.
- ☐ 연인이 자신의 꿈과 비전을 펼치는 것을 적극 응원한다.
- ☐ 나의 성장을 위해 애쓴다.
- ☐ 유년기에 부모가 충분하고 일관적인 사랑을 줬다.

2번: 회피형

☐ 연인이 너무 의존하면 질색이다.
☐ 일, 성취가 관계보다 중요하다.
☐ 힘들 때 연인에게 의지하기 어렵다.
☐ 영화와 같은 운명적 사랑을 꿈꾼다.
☐ 헤어진 연인을 미화하며 그리워한다.
☐ 유년기 부모의 통제, 간섭이 심했다.
☐ 유년기 부모가 차갑고 거부적이었다.

3번: 불안형

☐ 연인이 연락이 없으면 급격히 불안해진다.
☐ 연인이 떠나지 않을까 전전긍긍한다.
☐ 연인이 없으면 부족한 사람처럼 느낀다.
☐ 연인을 이상화한다.
☐ 연인과 헤어지면, 자신을 사랑해주는 사람을 다신 만나지 못할까 봐 두렵다.
☐ 거친 세상을 혼자 살아갈 자신이 없다.
☐ 유년기 부모가 애정을 비일관적으로 주었다.

4번: 혼란형

☐ 연인과 떨어져 있으면 급속도로 불안해진다.
☐ 연인이 자신을 버리지 않을까 불안하다.
☐ 연인이 다가오면, 날 이용할 것 같아 불안하다.
☐ 연인이 다가오면, 연인의 가치가 낮게 느껴지며 불편하다.
☐ 연인에게 다가가다가 멀어지기를 반복한다.
☐ 감정이 불안정하며, 감정 기복이 매우 심하다.
☐ 유년기 부모의 방치, 신체적, 정서적 학대가 있었다.

4.3

안정형

따로, 또 같이.
나도 너도 충분한 사람

형성 과정

"

송이 씨는 3세 아들을 키우는 30대 여성이다. 아이가 놀이터에서 친구들과 놀다가 갑자기 엄마를 찾으면, 송이 씨는 "응, 아들, 무슨 일이야? 엄마 여기 있어."라고 차분히 대답하며 아이가 안정감을 느끼도록 돕는다. 안정을 찾은 아이가 다시 친구들과 놀려고 하면, 송이 씨는 "그래, 이제 친구랑 재미있게 놀아."라고 따뜻하게 격려하며 아이의 독립성을 존중한다. 또한 아들이 친구와의 놀이에서 예상치 못한 상황에 부딪혀 울음을 터뜨리면, 송이 씨는 "아이고, 우리 아들 속상하구나. 그래, 그래, 마음처럼 안 될 때가 있어."라며 아이의 감정을 공감하고 안아준다.

"

송이 씨처럼 주 양육자가 자녀에게 유연하고 수용적인 행동을 일관적으로 보이면 아이는 안정 애착을 형성하게 된다. 안정형 부모는 언제든 자녀의 안전 기지가 되어준다. 안전 기지(secure base)란 아동이 새로운 환경을 탐색하거나 위협과 불안을 느낄 때 위안과 안도감을 제공하는 대상을 의미한다. 아이가 불안해하거나 엄마를 찾으면 엄마는 기꺼이 아이를 안아주고 진정시켜준다. 부모를 통해 아이는 타인과 세계에 대한 신뢰감을 획득한다. 언제든 부모에게 위안을 얻을 수 있다고 생각하는 아이는 더 멀리, 오랜 시간 탐색할 수 있게 된다.

아이는 안심하고(엄마가 언제든 내 뒤에서 날 지켜주고 있기 때문에) 자유롭게 놀잇감을 탐색하게 된다. 이렇게 자란 아이는 자신의 잠재력을 충분히 발휘할 수 있게 된다. 타인을 믿기 때문에 관계에 집착하지 않아도 되고 안정적으로 자신의 성장에 몰두할 수 있기 때문이다.

안정형 부모의 또 다른 주요한 특징은 아이에게 조율되어 있다는 점이다. 조율되어 있다는 것이 무슨 말일까? 아이가 원하는 바에 맞추어 민감하고 융통성 있게 반응한다는 뜻이다. 안정형 부모는 아이의 비언어적인 행동을 민감하게 읽고 그에 맞게 반응한다. 아이가 엄마와 함께 하고 싶을 때 함께 있어 주고 혼자서 탐색하고 싶어할 때는 방해하지 않고 혼자 놀도록 내버려준다. 그 결과 유아는 타인과 연결되는 것이 (침범되어 불편하고 화나고 성가신 것이 아닌) 안도와 위안을 주는 것임을 체화한다.

애착 유형 검사에서 나타나는 반응

'낯선상황' 실험을 잠깐 소개하겠다(Ainsworth, Blehar, Waters, & Wall, 1978)[22]. 낯선상황 실험은 9개월에서 18개월 사이의 아이와 엄마를 대상으로 한 실험이다. 이 실험도 장난감이 있는 방에서 놀잇감을 가지고 엄마와 함께 놀다가 엄마와 3분간 분리되고 다시 재회하는 것으로 구성된다.

안정형 유아들은 낯선상황 실험에서 엄마와 분리되었을 때 고통스러워했다. 그러나 엄마가 다시 방으로 돌아왔을 때 금세 안심하고 다시 놀이에 몰입하는 모습을 보였다. 즉 고통스러워하다가도 엄마와 연결되면 금세 진정되는 안정형 유아의 정서 조절력과 유연성을 실험을 통해 확인할 수

---

22) Ainsworth, M. D. S., Blehar, M. C., Waters E., & Wall, S. (1978). Patterns of attachment: A psychological study of the strange situation. Hillsdale. NJ: Erlbaum.

있었다. 이는 엄마가 그동안 민감하고 일관되게 아이의 안전 기지가 되어준 결과로 보인다. 엄마가 날 돌봐주고 지켜줄 것이란 믿음이 있기 때문에, 마음에 안정감이 생겨 금세 놀이에 집중할 수 있게 된다. 이처럼 이 실험은 안정 애착이 유아의 정서적 안정에 미치는 영향을 명확히 보여준다.

성격 특징

안정형 애착 유형의 사람은 친밀감을 편안하게 받아들인다. 타인에게 따뜻하고 다정한 사람으로 평가되며, 실제로 그렇다. 중요한 타인이 이들에게 의지하고 싶어 하면, 거부하거나 불편해하지 않고(엄마가 그랬던 것처럼) 함께 해준다. 또한, 자신이 심적으로 어려움에 처했을 때에도, 자연스럽게 자신의 힘든 마음을 표현할 수 있고 주위 사람들에게 도움을 요청할 수 있다.

안정형은 메타인지 능력도 뛰어나다. 메타인지란 현재 느끼는 감정에 압도되지 않고 감정과 거리를 두고 관찰할 수 있는 능력이다. 메타인지 능력이 뛰어나면 '아, 진짜 너무 우울하고 슬퍼! 인생 망했어.'라고 절망하는 게 아니라, '아, 내가 지금 우울하고 슬픈 마음이 드는구나. 요즘 정말 힘들긴 한가 보다.'라고 생각할 수 있다. 이러한 안정형의 메타인지 능력은 감정의 목격자가 되게 하여, 감정에 지배되지 않고 이를 관리할 수 있도록 돕는다.

연애 방식

안정형은 자신과 타인에 대해 긍정적 믿음을 갖고 있다. '나도 괜찮고 너도 참 괜찮은 사람'이라는 가정하에 관계가 진행된다. 안정형은 연인과의 관계를 지나치게 걱정하지 않고 편안하게 연애를 한다. 연인이 자신을 떠나갈까 전전긍긍하지 않는다. 연인이 자신을 필요로 하면 곁을 내준다. 또한 연인에게 원하는 부분이 있으면 돌려 말하거나 알아차려 주길 바라기보다는, 간결하고 명확하게 요청한다. 상대방을 믿기 때문에 간섭하거나 불안해하거나 의심하는 일이 적다. 더불어 파트너가 자신을 함부로 대했을 때, 그것은 자신의 부족함 때문이 아니라 상대방의 문제에서 비롯된 것임을 안다.

4.4

불안형

I'M NOT OK, YOU'RE OK

형성 과정

두 살 된 민서는 아빠와 많은 시간을 함께 보낸다. 하루는 민서가 블록을 쌓다가 무너지자 울음을 터뜨렸다. 아빠는 다가와 "아이고, 우리 민서 많이 속상했구나. 아빠랑 같이 다시 쌓아볼까?"라며 민서를 안고 위로해주었다. 이때 민서는 아빠의 따뜻한 반응에 안정감을 느끼고 곧 블록 놀이를 다시 시작했다. 며칠 후 민서가 같은 상황에서 울음을 터뜨렸지만, 아빠는 이번엔 스마트폰을 보고 있었다. 민서가 계속 울면서 아빠를 불렀지만, 아빠는 귀찮다는 듯 "왜 자꾸 울어! 혼자 해봐!"라고 짜증 목소리로 소리쳤다. 민서는 아빠의 반응에 당황했지만 포기하지 않고 더 크게 울며 아빠의 관심을 끌려고 했다. 이런 상황이 반복되면서 민서는 아빠의 반응이 예측할 수 없다는 것을 학습한다. 아빠가 다정할 때도 있지만 차갑게 대할 때도 있다는 것을 경험하며 민서는 아빠의 사랑과 관심을 잃지 않기 위해 더욱 매달리고 눈치를 보기 시작했다.

,,

이처럼 주 양육자가 자녀에게 일관성 없게 반응했을 때 불안형 애착이 형성된다. 예측할 수 없는 보상(부모의 사랑)이 주어졌을 때 우리는 그 보상에 더 집착하게 된다. 이는 도박에 중독되는 원리와도 비슷하다. 언제 잭팟이 터질지 모르기 때문에 그 행위에 몰두하게 되는 도박중독자처럼 아이는 부모의 사랑에 몰두한다. 아이는 엄마의 사랑과 친밀함이 계속 유지될지, 언젠가 상실되지 않을지 끊임없이 생각한다. 이로 인해 엄마에게 지나치게 매달리고 눈치 보고 의존하는 행동들이 나타난다. 이러한 관계 방식이 사랑을 할 때도 반복된다. 연인에게 마음이 온통 쏠려, 나를 여전히 사랑하는지, 떠나지는 않을지 불안해한다.

왜 불안형 유아의 엄마는 아이에게 비일관적인 태도를 보였을까? 애착은 세대 간 전이되기 때문에 엄마 역시 집착형(불안형) 애착 유형일 가능성이 높다. 예를 들어 남편과 갈등이 심하다거나 친정엄마와 갈등이 심하면, 그쪽으로 마음이 쏠려 자식에게 신경을 쓰기가 힘들어진다. 정리하면 부모 역시 자신의 관계 문제에 깊이 몰두해 있기 때문에 비일관적인 태도가 나타날 수 있는 것이다. 또한, 엄마가 집착형일 경우, 엄마의 내면에 친밀한 관계가 상실되는 것에 대한 두려움이 있기 때문에 자녀와 밀착된 관계를 형성하게 된다. 그 결과, 아이의 주도성 발달을 무의식적으로 막는다. 자녀가 주도적으로 탐구하고 고민하면서 창의성과 탐구력을 증진시켜야 하는데, 부모가 중간에 가로막고 개입해서 문제를 대신 해결해주는 식이다.

애착 유형 검사에서 나타나는 반응

낯선상황 실험에서 불안형 유아들은 자유롭게 놀잇감을 탐색하기보다 엄마에게 집착하는 행동을 보였다. 그리고 엄마가 사라졌을 때 극심한 고통을 호소하였고 엄마가 다시 돌아온 후에도 잘 진정되지 않고 괴로워했다. 안정형 유아들이 엄마가 왔을 때 금세 진정되는 것과는 다른 모습이다. 이처럼 불안형 애착은 감정에 휩쓸리고 정서를 조절하기 어려워 한다는 특징이 있으며 애착 대상에게 집착하는 행동을 보인다. 엄마가 옆에 있는지 확신을 갖지 못해 편안하게 놀잇감을 탐색하지 못한다. 이는 평소 엄마의 비일관적인 관심으로 인해 느꼈던 불안에서 비롯된다.

아이는 엄마의 비일관적인 관심을 붙잡아 두고자 더 감정을 강하게 표현하게 된다. 아이가 작게 표현을 하면 엄마가 신경 쓰지 않다가 고래고래 울고 소리를 쳤을 때 엄마가 달려와 준다면 아이는 매번 감정을 확대해서 표현하게 된다. 그 결과 감정을 조절하는 법을 배우지 못하게 되는 것이다. 정리하면, 자녀는 '엄마의 관심을 끌어온다'는 생존에 적응적인 목적으로 감정을 증폭시키는 방식을 선택하게 된다. 불안형이 감정의 기복이 심하고 진정이 잘 안 되는 것은 악해서도 아니고 부족해서도 아니다. 정서적 생존을 위해 필사적으로 선택한 방식이다.

성격 특징

앞서 언급했듯이 불안형은 부모가 일관적인 사랑을 줄 것이라고 예측할 수 없는 환경에서 성장했다. 그 결과, 부모가 날 사랑하는지 아닌지에 온통 관심이 쏠리게 된다. 이를 심리학에서는 '애착 체계의 과잉 활성화'라고 부른다. 애착 체계가 과잉 활성화되면 타인의 관심을 과도하게 바라며, 관계에 온 신경이 집중된다. 관계에 몰두하다 보니 불안형은 자신의 세계를 충분히 만들지 못한다. '내가 어떤 사람인지, 무엇을 좋아하고, 어떤 가치관을 갖고 살고 싶은지, 어떤 커리어를 쌓고 싶은지'와 같은 자기 개념이 빈약한 특징이 있다. 사람이 쓸 수 있는 에너지의 총량은 정해져 있다. 따라서 관계에 100중 99의 에너지를 쓰게 되면, 자신의 세계를 구축하는 데 쓸 에너지는 1밖에 남지 않는다.

불안형은 부모의 정서적 관심을 확보하기 위해 고통을 증폭시키는 법을 배우게 된다. 자신이 악을 쓰며 울어야 엄마가 보살펴주었기 때문에 최대한 강하게 감정을 표현하게 된다. 문제는 이러한 감정 증폭 방식이 감정의 파도에 쉽게 휩쓸리게 만든다는 점이다. 불안형은 감정에 압도되기 때문에, 현 상황에 대해 거리를 두고 생각하길 어려워한다. 안정

연인과 연락이 안 되는 상황

예 1) '연인이 나한테 지쳐서 마음이 식은게 틀림없어.'
→ 내 감정과 생각을 실제로 지각한다(메타인지 낮음).

예 2) '연인이 마음이 식었을까 봐 내가 마음이 불안하구나.'
→ 내 감정과 생각을 떨어져서 관찰할 수 있다
(메타인지 높음).

형에 비해 메타인지 능력이 부족하다고 말할 수 있다. 메타인지는 생각을 생각할 수 있는 능력이다. 메타인지가 높은 사람은 '내가 이런 마음이구나'를 떨어져서 관찰할 수 있다.

연애 방식

불안형은 자신이 연인을 사랑하는 만큼, 연인도 자신을 사랑할지 염려한다. 파트너가 일정하게 관심과 사랑을 표할 때는 안정감을 느끼지만 상대가 멀어진다고 느껴지면 관계에 대한 신뢰가 급속도로 흔들린다. 연인이 그 자리에 있을 것이라는 확신을 하기 어려워하며, 이는 어린 시절 엄마와의 관계에서 느꼈던 불안감을 반복하는 모습으로 나타난다.

불안형은 파트너의 작은 행동도 사랑의 증거로 해석하고 민감하게 반응한다. 예를 들어, 연인이 실수로 연락을 하지 않고 잠들거나 친구들과 약속이 잦아지면 그것을 사랑이 식었다는 틀림없는 증거로 해석한다. 즉, 연인이 자신을 덜 사랑하기 때문에 이런 일이 발생한 것이라고 믿는 것이다. 결국 불안형은 연인에게 온 마음을 집중한 채, 자신의 감정을 안정시키기 위해 상대방의 반응에 과도하게 의존하게 된다.

이 과정에서 불안형은 감정적 롤러코스터를 경험하게 된다. 연인과 갈등이 생기면 극심한 불안감에 휩싸이고, 화해 후에는 강한 안도감을 느끼는 패턴이 반복된다. 관계 회복에서 느껴지는 순간적인 이완감은 마치 롤러코스터를 타는 짜릿함을 준다. 이로 인해 불안형은 긴장과 이완 사이의 강렬한 감정을 사랑으로 오해하기도 한다.

상담실에서 불안형 내담자들로부터, "제가 누군가를 다시 만날 수 있을까요?"라는 질문을 자주 듣는다. 연인을 과대평가하고 자신은 과소평가하기 때문에 헤어짐을 두려워하는 것이다. 그런데 이 질문이 무색하게 헤어지고 빠른 빠른 시일 내에 새로운 연인을 만나는 편이다. 친밀감이 불안형에게 매우 중요한 욕구이기 때문이다.

불안형은 관계를 망치지 않기 위해 파트너의 눈치를 많이 보는 경향이 있다. 눈치를 보면서 연인에게 자신을 맞추지만 서운하고 속상한 마음들이 쌓일 수밖에 없다. 그러다가 그 마음들이 갑작스레 폭발하기도 한다. 문제는 불안형이 자신의 감정과 욕구를 효과적으로 전달할 기술이 부족해, 후회될 말과 행동을 한다는 점이다. 불안형이 무의식적으로 연인의 관심을 얻기 위해 하는 대표적인 행동 중 하나가 항의 행동이다. 항의 행동은 직접적으로 감정을 표현하거나 문제를 해결하려는 대신 간접적이고 강렬한 방식으로 관심을 끌기 위해 취하는 행동을 말한다.

이런 항의 행동으로 인해, 연인은 숨이 막히고 관계에서 벗어나고 싶어하게 되며, 결국 마음이 식을 수도 있다. 매번

혹시 나도 이런 행동을 하고 있나요?

'불안형의 항의 행동' 체크해보기

1) **수없이 톡, DM, 부재중 전화 남기기**
   - ☐ 부재중 10통 남기기
   - ☐ 문자폭탄 날리기 "어디야? 뭐해? 왜 답이 없어?"
   - ☐ 무턱대고 찾아감 "나 너네 회사 앞이야. 나와."

2) **무관심한 척하기**
   - ☐ (집에서 연인의 연락을 온종일 기다렸음에도 불구하고) 바쁜 척함 "아, 나 친구랑 만나던 중이었는데?"

3) **받은 만큼 되돌려주기**
   - ☐ 연락을 확인했으면서도 일부러 늦게 회신함
   - ☐ '2시간 뒤에 답장을 해? 그럼 나도 2시간 1분 뒤에 보내야지! 너도 당해봐.'

4) **적대적으로 행동하기**
   - ☐ 얘기하다가 가방을 싸며 "나 집에 갈래! 내려줘."

5) **이별 협박**
   - ☐ "더는 못 만나겠다. 우리 그만하자."(실은 연인이 자신의 잘못을 반성하고 잡아주길 바람)

6) **질투심 유발**
   - ☐ '내 전 남친들은 안 그랬는데…'
   - ☐ "나 오늘 누가 번호 물어봤다?(내가 이렇게 괜찮은 여자니까 더 잘해야 할걸. 긴장하라고!)"

파트너가 결국엔 떠났다며 자기연민에 빠지지 말자. 자신의 행동이 상대방을 도망치게 만든다는 사실을 인지할 필요가 있다. 나아가 자신의 감정과 행동을 조절하는 연습을 해야 한다. 상대는 감정 폭발을 무한정 받아주는 쓰레기통이 아니다.

내가 불안형이라면?

불안형은 연인을 매우 중요하게 생각하기 때문에, 연인의 눈치를 많이 보고 연인에게 최대한 맞추려고 한다. 그러다 보니 서운한 일이나 불만이 생기더라도 감정을 표현하지 못하는 경향이 있다. 이렇게 쌓인 감정들은 해소되지 않고 사소한 사건을 계기로 폭발한다. 파트너는 당황할 수밖에 없는데, 표면적인 사건은 작은 사건이었기 때문이다. 파트너는 '내가 잘못하긴 했지만, 이게 이렇게까지 화낼 일인가? 왜 내 인격을 공격하지?'와 같은 생각들을 하게 된다. 반복된 불안형의 비난과 협박에 파트너는 마음에 상처를 입게 된다. 그리고 이러한 상처들이 쌓이면, 종국엔 파트너의 마음이 식게 된다. 따라서 내가 불안형이라면, 자신의 욕구를 효과적으로 전달하는 방법을 반드시 연습해야 한다.

불안형은 전날 자신이 보낸 메시지를 보며 크게 후회하는 경우가 많다. '내가 이런 말까지는 하지 말았어야 했는데…. 대체 왜 그랬지?' 쏟아낸 말들이 기억나지도 않는다. 그 순간, 감정에 압도되어 몸과 손을 벌벌 떨며 날것의 감정 덩어리를 상대방에게 그대로 던졌기 때문이다. 상대방이 멀어진다고 느끼는 순간, 불안형은 생존에 위협을 느낀다. 우리의 뇌는 생존의 위협을 느끼게 되면 합리적인 판단을 관장하는 전두엽의 스위치가 꺼진다. 그리고 생존과 관련된 편도체가 위험에 대비할 수 있도록 신체를 각성시킨다. 이때 우리의 뇌와 신체는 생존에만 집중하고 있는 상태다. 나를 지키는 데에 온 신경이 쏠리기 때문에, 상대방을 강하게 비난하고 공격하게 된다. 따라서 지금 생존에 위협이 되는 상황이 아님을 자신에게 알려줘야 한다. '오경보가 울린 것뿐이야.'라고 스스로 진정시켜 줄 수 있다면 연인이 이해할 수 있게 나의 마음을 차분히 전달할 수 있을 것이다.

감정이 범람하면 우선은 멈추어보자. 아마 당신은 어떤 행동들을 하고 싶을 것이다. 문자 폭탄을 보내고 싶을 것이다. 전화를 받을 때까지 걸고 싶을 것이다. 또는 상대방을 비난하는 말들을 쏟아붓고 싶을 것이다. 이럴 때 그 행동을 잠시 멈추어야 하는데, 행동을 멈추기 위해서는 감정이 밀려오는 순간을 자각해야 한다. 감정을 자각해야 통제되지 않는 행동으로 이어지는 것을 멈출 수 있다. 감정을 자각하기 위해서는 우선, 몸의 신호에 민감해야 한다. 예를 들어, 가슴이 답답해지고, 숨이 가빠지거나 손이 떨리는 등의 신체 반응은 감정의 신호일 수 있다. 이러한 신체 반응을 알아차림으로써 지금 내가 어떤 감정을 느끼는지 확인할 수 있다.

> 예1) '어? 몸이 떨리네'
> → (우선 멈추고 몸의 떨림이 무엇을 말하는지 귀 기울이기)
> → '아, 나 지금 억울하고 화가 나는구나.'

> 예2) '눈물이 나고 입술이 파르르 떨리네'
> → (우선 멈추고 눈물과 입술의 떨림이 무엇을 의미하는지 귀 기울이기)
> → '아! 나 지금 연인의 말에 상처를 입었구나.'

 신체 반응을 자각하고 멈춘 후에는 개인적인 시간을 가져보자. 산책을 해도 좋고 화장실을 한번 다녀와도 좋다. 바로 행동으로 들어가는 것을 중지하는 것이 제1 원칙이다. 생존 스위치의 불이 켜지면, 아주 원초적인 반응이 나오게 된다. 어렸을 때 엄마가 나를 떠날 것 같았던 그 불안감이 현재에도 그대로 느껴지기 때문이다. 그 정서에 압도되면 후회가 남을 행동을 하게 된다. 행동이 내 통제권을 벗어나는 것이다. 무의식의 지배를 받지 말길 바란다. 내 행동은 내가 선택할 수 있다. 그러기 위해서는 시간이 필요하다. 생존 스위치의 불이 다시 꺼지고 이성 스위치에 다시 불이 들어오기까지 몇십 분에서 며칠이 소요되기도 한다.

그 시간 동안 나에게 밀려 들어오는 감정들을 차분히 마주하고 들여다보자. 그리고 내가 어떤 욕구가 좌절되어 이렇게 힘든지를 파악해보자. 이렇게 충분한 시간을 가진 후 연인에게 내 마음을 전달할지, 넘어갈지를 결정하면 된다. 모든 것을 다 표현할 필요는 없다. 표현할 것인지, 말지는 내가 결정할 수 있다. 마지막으로 표현하기로 결심했다면, 건강한 방식으로 나의 감정과 욕구를 전달하자.

사례1

불안형 패턴의 반복

생각/감정 내가 아픈데 왜 이렇게 걱정하는 말도 없이 자기 할 일만 하는 거야. 헤어지자고 해버릴까.

- **신체** 몸이 부들부들 떨림
- **행동** "야 헤어지자. 너같은 애랑 더 이상 못 만나겠다. (나 그사람 없이 못 사는데… 왜 안 잡는 거지…)"

불안형 패턴 깨기

생각/감정 내가 아픈데 왜 이렇게 걱정하는 말도 없이 자기 할 일만 하는 거야. 헤어지자고 해버릴까.

- **신체** 몸이 부들부들 떨림
- **중지** 잠깐 멈춰보자. 내 마음이 지금 어떤 거지?
- **관찰** 내가 진짜 원하는게 헤어짐인가? 아니야.. 난 나를 더 소중히 여겨주길 바랐던 거야. 그래서 화가 났나 봐.
- **생각** 생각해보니 연인이 오늘 아침에 나한테 약도 사다 줬지. 오후에는 일정이 있다고 했고. 그도 그의 삶이 있는 건데… 자기 시간을 가졌다고 해서 날 덜 소중히 여긴 거라고 할 수가 있나? 음… 아닌 것 같다.
- **행동을 결정** 나에게 행동 선택권이 주어짐
- **행동** 표현하지 않기를 선택함
- **결과** 속상했던 감정이 자연스레 수그러들고 예전처럼 친밀한 연애를 지속함

사례2

불안형 패턴의 반복

생각/감정 내가 얘 때문에 이렇게 힘든데 얘는 왜 나를 신경 안 써주지?

- **신체** 심장이 쿵쿵 뛰고 아무것도 집중할 수가 없음
- **행동** 연인에게 메세지를 보냄 "하… 너 때문에 너무 힘들다. 다 포기하고 싶어.'

- **결과** 상대방은 협박은 받는다는 느낌을 받고 더 멀어짐. 나는 신경을 써주기를 바랐지만, 결과적으로 연인은 멀어지는 정반대의 결과를 얻음

불안형 패턴 깨기

생각/감정 내가 얘 때문에 이렇게 힘든데 얘는 왜 나를 신경 안 써주지?

- **신체** 심장이 쿵쿵 뛰고 아무것도 집중할 수가 없음
- **중지** 잠깐 멈춰보자. 내 마음이 어떤 거지?
- **관찰** (산책하며) 죽고싶을 정도로 마음이 가프네. 아, 내가 진짜 얘를 좋아하는구나. 얘가 날 좀 더 신경 써주면 좋겠구나. 나에게 믿음을 좀 더 주길 바라는구나.
- **행동을 결정** 표현을 하기로 결정
- **행동** "○○아, 너랑 싸울 때 너가 아무 말도 없이 잠수를 타버리면 내가 너무 마음이 힘들거든. 언제까지 생각을 정리하고 연락을 하겠다고 미리 나한테 말해주면 내가 덜 힘들 것 같은데 해줄 수 있어?" (공격, 비난, 매달림이 아닌, 차분하게 내가 원하는 바를 요구함)
- **결과** 파트너가 나의 마음을 이해하고 혼자만의 시간이 필요할 때 사전에 말하기로 약속함(내가 원하는 바를 관계에서 건강하게 요청하여 받아들여짐)

친밀감, 연결감을 바라는 자신의 욕구에 대해서 비난하지는 말자. 나는 왜 이렇게 의존적이냐며 질책할 필요는 없다. '아 나는 친밀감이 매우 중요한 사람이구나.'라고 자신을 수용해 주길 바란다. 나의 욕구를 정확하게 알아야 상대방

에게도 '나는 이런 욕구가 중요한 사람이야.'라고 표현할 수 있다. 또한, 상대방이 자신의 깊은 욕구를 충족시켜줄 수 있는 대상인지를 확인할 수 있다.

 **연인이 불안형이라면?**

1. 불안형의 자존감 지킴이 되어주기

불안형은 자신을 부족하다고 생각한다. 어렸을 때 부모와의 관계에서 부적절감을 느꼈기 때문이다. 이들은 부모와의 관계 속에서 '나는 부족하다. 사랑받기에 충분하지 않다.'라는 느낌을 자주 받았다. 불안형은 자신이 부족하다고 생각하기 때문에 세상을 혼자 살아가기 두려운 곳으로 지각한다. 그 결과, 연인의 중요성은 더욱 커지고 연인에게 의존도가 높아진다. 의존을 하는 불안형 본인도 힘들지만, 의존 대상이 되는 여러분들도 참 힘들 것이다. 그러니 나를 위해서도 불안형 연인의 자존감 지킴이가 되어주길 바란다. 연인의 자존감이 올라갈수록 나에게 과하게 의존하는 일도 줄어들 것이다. 연인을 사랑스러운 눈빛으로 바라봐주고, 구체적인 애정 표현을 자주 해주자.

2. 연인의 불편한 행동 이면의 감정과 욕구 헤아려보기

불안형 연인이 협박이나 침묵 등 다양한 항의 행동을 했을 때, 당황스럽고 화날 수 있다. 연인과 멀어지고 싶거나 반격하고 싶을 것이다. 또는 파트너를 무시하거나 냉소적인 눈빛을 보내고 싶을 수도 있다. 그러나 잠시 멈추고 연인의 행동 이면의 마음을 추측해보길 바란다. 나에게 무엇을 바라고 있어서, 이렇게 고통스러운 말을 하는 걸까? 모든 행동 이면에는 욕구가 깃들어 있다. 방어를 내려놓고 연인에게 물어보자. "음, 혹시 지금 그렇게 말하는 게, 내가 좀 더 신경을 써주었으면 해서야?" 감정과 그 속의 욕구를 읽어주면 연인은 긴장이 풀리고 마음이 녹을 것이다. 불안형 연인의 욕구를 읽어줌으로써, 마법처럼 상대방의 공격력이 감소하고 대화가 풀리는 마법을 경험할 것이다.

3. 일관적인 관심과 애정을 주기

불안형은 비일관적인 가정에서 성장했기 때문에, 사랑이 언제 끝날지 항상 불안해하고 염려한다. 지금 사랑을 받고 있더라도 말이다. 이들은 분리 불안과 유기 불안을 자주 느낀다. 따라서 새롭게 맺은 애착 유형인 연인을 통해, 일관적인 사랑을 받는 것이 매우 중요하다. 한 불안형 내

구체적 애정 표현의 예

예1) 너는 한 번도 약속에 늦지 않네. 생각보다 약속 시간을 지키는 게 힘든 일인데, 그런 널 보면 존경심이 들어.

예2) 너는 언제나 빛이 나. 언제나 사랑스러워.

담자는 다음과 같이 말했다. "하루에 연락을 많이 해달라는 게 아니거든요. 예상이 가능했으면 좋겠어요. 출근할 때, 점심 먹을 때, 퇴근 후, 자기 전 한 번씩만 연락해 주면 정말 안심하고 일에 집중할텐데 그게 안 되니까 너무 힘들어요." 연락의 빈도보다 일관성, 예측 가능성이 중요하다는 뜻이다. 연락의 횟수, 연락하는 시점 등 루틴을 만드는 것도 연인의 불안을 줄여주는 하나의 방법이다.

기억해야 할 부분은, 연인을 배려하다가 내 마음에 감정들이 쌓여 힘들어질 수 있다는 점이다. 힘들 땐 내 마음을 먼저 돌봐주길 바란다. 내 마음을 돌보고 회복시켜야, 내 마음에 공간이 생기고 여유가 생겨 연인을 배려해 할 수 있다. 혼자 관계 문제를 풀어가기 힘들다면, 전문가에게 연애 상담을 받아보길 추천한다.

4.5

회피형

I'M OK,
YOU'RE NOT OK

형성 과정

하은이는 네 살로, 호기심이 많은 아이다. 어느 날 하은이는 거실에서 혼자 놀다가 넘어져 무릎을 다쳤다. 하은이는 아파서 울음을 터뜨리며 엄마에게 다가갔다.

"엄마, 나 다쳤어. 무릎 아파."

하지만 엄마는 소파에 앉아 텔리비전을 보고 있었다. 엄마는 하은이의 말을 들었지만 아이 쪽으로 고개를 돌리지 않고 무심하게 말했다.

"맨날 그렇게 조심성이 없으니 다치지. 울지 마!"

하은이는 더 울고 싶었지만, 엄마가 쳐다보지 않는 걸 보고 자신의 방으로 들어갔다. 방에 들어간 하은이는 울음을 멈추려고 애쓰면서 무릎을 쳐다보았다. 저녁이 되자 하은이는 엄마 옆으로 조심스럽게 다가가 손을 잡으려 했다. 엄마는 하은이의 손을 치우며 말했다.

"손 치워. 엄마 더운 거 안 보여?"

하은이는 움찔하며 손을 거두고 말 없이 자리에 앉았다.

회피형 애착 유형은 어떻게 형성될까? 연구에 따르면, 회피형의 부모는 주로 2가지의 양육 패턴을 보인다. 첫째, 부모가 지속적으로 아이를 언어적, 비언어적으로 거절하여 아이가 회피형 애착을 형성하게 되는 경우다. 유아는 심리적 안정을 찾기 위해 주 양육자에게 다가가지만, 그럴 때마다 돌아오는 건 차가운 반응, 뒤로 물러나는 반응이다. 실제로 상담에서 회피형 부모들은 자녀와의 신체 접촉이 어색하다고 이야기하는 경우가 많다. 앞선 사례처럼 아이가 울거나 다쳐도 모르는 체하거나 적절한 반응을 보이지 않기도 한다. 또한, 아이의 요청에 신경질적으로 반응하며 자주 꾸짖는다.

둘째, 주 양육자가 과도하게 아이를 자극하거나 통제하

는 경우다. 예를 들어, 엄마가 아이의 모든 행동에 간섭하고 통제한다면 아이는 애착 관계를 답답하고 고통스럽게 느낄 것이다. 이로 인해 아이는 '누군가와 가까워진다는 것은 고통스럽고 침해받는 경험이구나.'라는 세계관을 형성하게 된다. 또한 침범적인 부모와의 관계를 통해 정서가 안정되는 게 아니라 오히려 과도하게 자극받는다. 그 결과, 아이는 부모와 접촉하려는 시도를 억제한다. 혼자서 놀이하고 탐구하는 데 몰두한다. 성인이 되어서도 어떻게 마음을 나누는지 알 길이 없다. 또한 거부되거나 침범받은 경험이 몸에 각인되어 있어 가까운 관계를 본능적으로 피하게 된다.

회피형은 이 부분을 읽으며, 부모에게 원망하는 마음이 들 수도 있다. 충분히 원망하고 슬퍼하는 시간을 개인적으로 갖길 바란다. 다만 기억해야 할 점이 있다. 애착 패턴은 세대 간 전이된다. 무시형 어머니의 어머니도 무시형이었을 것이다. 엄마도 받은 게 없어, 줄 게 없었다.

애착 유형 검사에서 나타나는 반응

회피형 유아는 낯선 상황 실험에서 엄마를 적극적으로 피하는 모습을 보였다. 엄마가 방을 나가도, 돌아와도 별다른 반응을 보이지 않고 태연하게 놀이를 지속했다. 유아의 반응만 보면, 엄마의 관심과 사랑이 중요하지 않은 것처럼 보일 수 있다. 그러나 유아의 코르티솔(스트레스를 받으면 분비되는 호르몬) 수치를 측정해 보았을 때, 안정형 유아에 비해 유의하게 수치가 증가하였다. 이는 유아가 태연한 겉모습과 달리 신체적으로는 스트레스 반응을 보이고 있었음을 의미한다.

회피형 유아는 엄마에게 정서적 위안을 얻을 수 없으리라 판단한 것이다. 그래서 체념하고 아무런 반응도 보이지 않았던 것이지, 엄마를 정말 원하지 않아서가 아니다. 유아는 거부당하는 것을 피하고자 요청하기를 포기한 것이다. 요청하지 않으면 거부당하는 경험을 하지 않아도 되니까.

성격 특징

회피형은 유년기 부모에게 신체적, 정서적으로 충분한 돌봄을 받지 못했다. 이러한 보살핌 경험의 부재로 인해, 자신을 스스로 돌볼 줄 모른다. 자신의 건강과 마음을 적절하게 챙기지 못한다. 잠깐 유아의 발달 과정을 생각해보자. 유아는 최초로 자신의 감정을 어떻게 인식하게 될까? 스스로 감정을 알아차리는 능력이 어느 순간 갑자기 생겨날 것으로 생각하는가? 그렇지 않다. 아이에게는 거울이 필요하다. 부모가 '아이고, 우리 아가 화가 났구나. 기저귀가 축축해서 짜증이 났구나.'라고 아이의 마음을 읽어 반영해줄 때 아이는 점차 자신의 감정을 인식하고 구별할 수 있게 된다. 자기 몸에서 느껴지는 신호가 어떤 감정과 연결되는지 인식할 수 있게 된다. 그러나 회피형은 이러한 과정을 경험하지 못했기에 자신의 몸이 무엇을 말하는지 잘 모른다. 자신의 신체 감각을 크게 중요하게 여기지도 않는다. 상담에서 '지금 몸에서 어떤 반응이 느껴져요? 지금 어떤 감정이 드나요?'라는 질문을 황당하게 여기기도 하며 "모르겠다"는 답변을 자주 한다. 회피형 애착 유형의 사람을 실제로 만나보면, 표정이 단조롭고 정서적으로 억제된 것을 느낄 수 있을 것이다.

회피형은 최대한 누군가가 필요하다는 느낌과 친밀감을 원한다는 느낌을 외면하려고 한다. 누군가와 가까워지고 싶다는 욕구를 스스로 인식하는 것만으로도 고통스럽지 않을까? 어차피 거부당할 것이라면 말이다. 회피형은 유년기의 경험으로 '타인과 가까워지면 상처받고 거부당할 거야.'라는 내적작동모델[23]이 형성되었기 때문에, 친밀감에 대한 욕구 자체를 인식할 수 없도록 자신의 감정과 스스로 거리를 둔다.

또한, 회피형은 표면적으로는 자신들 완전하다고 지각한

---

23) 내적작동모델(Internal Working Model): 유아가 생애초기 애착 경험을 바탕으로 형성한 자신과 타인에 대한 인지양식

다. 자신이 완전해야 기댈 필요가 없어지기 때문이다. 불완전해지면 타인에게 의지하고 기대야 하는데, 버림받을 거라는 내적작동모델이 있는 회피형에게는 [불완전한 나]는 너무나 큰 리스크가 된다. 따라서 자기를 부풀려서 완전하다고 과대평가한다. 그리고 타인은 과소평가한다.

회피형은 표면적으로는 자신을 완전하다고 지각하지만, 깊은 내면에선 자신을 부적절하고 불완전하다고 지각하고 있다. 그래서 부모에게 거절당한 것이라고 내장 기관은 인식한다. 그렇지만 그 부분, [부적절한 나]을 마주하는 것이 너무 고통스러우므로 마음 깊은 곳에 자신도 인식할 수 없도록 묻어두었다.

연애 방식

연애 초기에는 회피형의 특징이 크게 드러나지 않는다. 연애 초기는 깊은 관계가 형성되기 전이기 때문에 회피형도 크게 불편감을 느끼지 않는다. 오히려 적극적인 모습을 보이기도 하며 서로가 만족스러운 연애를 한다. 그런데 만나는 기간이 길어지면서 파트너가 깊은 친밀감을 요구하기 시작하면 회피형의 특징들이 적나라하게 드러나게 된다.

앞서 불안형이 애착 체계의 과잉활성화를 보이는 것과 대조적으로 회피형은 애착 체계의 비활성화를 채택한다. 애착 체계의 비활성화는 주로 친밀한 관계에서 감정을 억누르고 거리를 두며 의존을 최소화하려는 행동과 관련된다. 사귀는 시간이 길어지면서 연인에 대한 친밀감이 증가할수록 그들 내면에는 경고음이 울린다. '너 의힘해. 그렇게 친밀해지다가는, 어릴 때 부모에게 받았던 상처를 또 받을 거야.' 그 결과, 회피형은 거부로 인한 고통을 줄이기 위해 비활성화 전략을 사용하며 연인을 밀어낸다. 사실 회피형도 사랑하는 사람과 연결되고자 하는 애착 욕구를 가지고 있다. 단지 적극적으로 그 욕구가 없다고 억압할 뿐이다.

연애할 때 회피형은 자신의 속마음을 잘 터놓지 않는다. 첫 번째 이유는 자신의 마음을 잘 모르기 때문이다. 자신의 감정을 잘 못 읽기 때문에 털어놓을 수도 없고, 동시에 연인의 감정을 이해하기도 어려워한다. 두 번째 이유는 '속마음을 터놓는 것은 의존적이고 약한 것, 약점 잡히는 것'이라고 여기기 때문이다. 이러한 관계 방식은 파트너와의 깊은 친밀감 형성을 방해한다.

연인 관계는 깊은 친밀감이 수반되는 관계이다. 따라서 만남의 기간이 길어질수록 회피형은 이 관계가 위협적으로 느껴질 수밖에 없다. 시간이 지날수록 상대방은 더 깊은 친밀감을 쌓고자 다가올 테니까. 회피형은 무의식적으로 연인과의 거리를 확보하기 위해 여러 방면으로 노력하게 된다.

파트너와 심리적 거리를 확보하기 위해 회피형은 어떤 전략을 선택할까? 우선 파트너를 평가 절하한다. 연인의 단점을 부각하며 "너 애정 결핍이니?", "자기계발 좀 해라. 왜 하루 종일 나만 기다리고 있어?" 같은 비난을 던진다. 또한, 과거의 연인과 끊임없이 비교하며 더 잘 맞는 완전한 짝이 어딘가에 있을 거라 상상한다.

연인과 심리적 거리를 두기 위해 사용하는 또 다른 전략은 갈등 회피다. 관계가 깊어지려면 갈등은 필수다. 서로 다른 두 사람이 만나서 서로를 이해하고 맞춰나가는 데 갈등이 필연적으로 수반되기 때문이다. 그런데 회피형은 관계에서 갈등이 생겼을 때 무반응으로 일관하며 문제를 외면하는 경우가 많다. 이는 갈등을 조율하고 해결하는 과정이 친밀감을 요구하기 때문이다. 친밀해지지 않기 위한 회피형의 필사적인 노력이 느껴지는가.

다가갈수록 멀어지는 연애를 해본 적이 다들 있을 것이다. 이는 회피형의 전형적인 관계 방식이다. 회피형은 파트너가 나를 더 원하는 것처럼 느껴지면 숨통이 조여오는 듯한 불편함을 느낀다. 그리고 이런 느낌을 사랑하지 않는 증거로 삼는다. 사실은 가까워질수록 상처받을 것이라는 두려움에서 비롯된 방어적 반응인데 말이다. 이렇게 회피형은 자신에게 정말 필요한 대상들을 떠나보내게 된다. 게다가 내 마음을 열지 않았기 때문에 옆에 누군가가 있어도 늘 외롭다.

또 하나의 특징으로 회피형은 연애할 때 관계에 대한 정의를 명확히 하지 않는 경향이 있다. 오래 만났다고 해도 상대방이 결혼 얘기를 꺼내면 화제를 돌리거나 친구들에게 공식적으로 소개하지 않기도 한다. 자신만의 비밀이 많고 애정 표현에 인색하다. 성관계에 있어서도 애무 등의 감정 교류가 거의 없는 행위 중심, 목적 중심의 성관계를 하는 경우가 많다. 결혼 후에는 성관계 횟수가 급격히 줄어들기도 한다. 성관계는 매우 친밀한 행위이기 때문이다.

슬픈 건, 회피형은 헤어지고 나면 전 애인을 그리워한다는 점이다. 헤어지고 안전거리가 확보되어야 경고등이 꺼지고 다시 전 애인을 제대로 볼 수 있게 된다. 두려움으로 안개 꼈던 시야가 맑아지며 상대방의 좋은 면들이 그제야 명료하게 보인다.

내가 회피형이라면?

회피형은 연인과 거리를 두고 싶다는 욕구를 스스로 인지하지 못할 가능성이 높다. 그러다보니 연인에게 숨 막히는 느낌, 도망치고 싶은 느낌을 받으면 '사랑하지 않는다.'라고 잘못 해석해 버린다. 따라서 회피형은 자신의 관계 패턴의 근본 원인에 대해 이해할 필요가 있다.

'어렸을 때부터 부모와의 관계에서 상처받았기 때문에 연인과 친밀해질수록 두려움이 생기고 거리를 두고 싶어 하는구나.'

이 개념이 회피형의 머리에 들어오면 사랑이 식었다고 판단해 헤어지고 후회하는 일을 방지할 수 있다. 한편, 회피형의 도망치고 숨는 행동은 연인을 불안하게 하고 신뢰를 무너뜨린다. 따라서 회피형은 자신의 이러한 욕구에 대해서 연인에게 사전에 설명하는 것이 좋다.

"내가 연애할 때 패턴을 돌아보니까 관계가 점점 가까워진다고 느껴지면 나도 모르게 거리를 두게 되고 나만의 시간을 더 가지려고 하더라고. 너한테 사랑이 식어서나 네가 잘못해서가 아니니까 오해하지 말았으면 해서 미리 말해. 그리고 나도 이런 부분을 변화시키기 위해서 꾸준히 노력하고 있고 계속 노력하려고 해."

이러한 설명은 연인이 안심하는 데 도움을 주며, 예방주사의 효과가 있다. 회피형의 비활성화 전략이 나타날 때, 사랑이 식었다며 괜스레 오해하지 않도록 도울 것이다.

> 연애 TIP　**연인이 회피형이라면?**

1. 연인의 모든 행동을 사랑의 크기로 해석하지 말기

연애할 때 우리는 그 사람의 행동을 사랑의 크기와 연결짓곤 한다. 상처는 그곳에서 시작된다. '얘가 날 사랑한다면, 진짜 사랑한다면 아무리 피곤해도 날 데리러 왔겠지. 시간 내서 톡 했겠지.'

이제 애착 유형에 대해 배웠으니 다르게 생각해 보면 좋겠다. 내가 매력이 없어서가 아니라, 상대의 애착 체계에서 비롯된 행동일 수 있다. 내 것이 아닌 것을 내 것으로 가져오는 것은 어리석은 행동이다. 내 부족함 때문이 아니라, 상대방의 특성이란 것을 이해하면 마음이 한결 가벼워질 수 있다.

2. 회피형의 공간을 존중하자

회피형은 자신의 공간이 존중되는 것을 중요하게 여긴다. 따라서 갈등 상황에서, 지나치게 몰아붙이지 않는 게 중요하다. 회피형은 심리적으로 위험하다고 느낄 때, 관계에서 도망가려고 하거나 피하려고 한다. 실제로는 위험한 상황이 아님에도 불구하고 회피형의 내적 세계에는 경보 신호가 울린다. 회피형이 자신만의 심리적 공간을 가질 수 있도록 기다려 주길 바란다. 심리적 공간이 확보되면, 점차 안정되면서 자신이 잘못한 부분들을 알아차릴 수 있다. 반면 시간을 주지 않고 몰아붙이면, 회피형은 질식할 것 같은 느낌을 받게 된다. 그리고 이 느낌을 사랑이 식은 것이라 오해석하여 당신에게서 도망치고자 할 것이다.

3. 공격적이지 않게 요청하기

회피형은 유독 인정욕구가 높다. 자신이 무척 괜찮은 사람이라는 방어기제가 있기 때문이다. 내가 완전하고 타인은 불완전해야 의존할 필요 없이 혼자 살아낼 수 있지 않겠는가. 따라서 자신을 과대평가하는 방어기제가 관계에 강력하게 작용한다. 그런 회피형한테 '너가 문제야!'라는 날카로운 비난을 하면 방어적 반응이 돌아올 것이다. 자신이 생존하기 위해 만들어놓은 도식이 무너지게 둘 수 없기 때문이다.

문제는 연인 사이라면 반드시 갈등해야 하는 지점이 있다는 것이다. 갈등은 나쁜 것이 아니다. 서로를 이해하고 깊어지는 과정 중 갈등은 필연적으로 발생한다. 비난에 방어적인 회피형과는 어떻게 갈등하면 좋을까?

회피형과 대화하거나 갈등할 때는 공격적이지 않은 말투로 부드럽고 명확하게 이야기하는 것이 좋다. 회피형은 자신의 마음을 내어놓는 것이 익숙하지 않다. 누군가가 자신의 마음을 읽어준 적이 없기에 자신을 돌볼 줄 모른다. 지금 어떤 마음인지에 대해서 살피는 것이 낯설고 어색하고 두려울 것이다. 따라서 깊고 진지한 대화를 조금씩 반복해서 연습할 필요가 있다.

물을 두려워하는 아이가 물이랑 친해지려면 어떻게 해야 할까? 우선 물이 무섭지 않다는 것을 체험해야 한다. 회피형은, 누군가랑 이렇게 마음을 나누는 일이 고통스러운 일이 아니라는 것을 체험해야 한다. '얘랑 이렇게 갈등하면서 오히려 서로를 이해할 수 있게 되네? 내가 비난받거나 공격받는 게 아니구나! 이 관계가 안전하구나.'를 반복해서 경험해야 한다. 어른이라고 해서 마음도 어른인 것은 아니다. 신체 중에서도 건강한 부분이 있고 약한 부분이 있듯이 마음도 마찬가지다. 회피형의 '마음을 나누는' 근육이 발달하도록 도와주어야 한다.

구체적인 대화 팁을 말해보자면, <걱정하지 말고 들어볼래> 전법이다.
1) 가능하다면, 사이가 좋을 때 이야기를 꺼내라.
2) 방어막을 내릴 수 있도록 안심을 시켜라. 예를 들어 요구사항을 말하기 전, 이렇게 말해볼 수 있다. '내가 너한테 뭐라 하려는 게 아니니까 편하게 들어줄래?'
3) 비폭력 대화로 말하라. 비폭력 대화(NVC, Nonviolent Communication)는 관찰, 느낌, 욕구, 요청이라는 네 가지 요소로 구성된 소통 방식이다. 이 방식을 활용하면 상대를 비난하지 않고 나의 감정과 욕구에 집중해 대화할 수 있다. 예를 들어 이렇게 말할 수 있다.

- **관찰** "네가 아침에는 바빠서 문자를 잘 못 보잖아. 그런데 최근에는 출근 시간이 한참 지난 뒤에도 연락이 없더라고."
  ⋯→ 비난, 평가 없이 객관적 사실을 전달
- **느낌** "그런 상황에서 걱정도 되고, 약간 서운한 마음도 들었어."
  ⋯→ 관찰한 사실에 대해 내가 느낀 감정을 표현
- **욕구** "나는 안정감을 되게 중요하게 생각하거든."
  ⋯→ 어떤 욕구가 충족되지 않아 이런 감정을 느꼈는지 전달
- **요청** "출근할 때 간단하게라도 연락을 해주었으면 좋겠는데, 어떻게 생각해?"
  ⋯→ 원하는 구체적인 행동을 요청

비폭력 대화 방식을 사용하면, 상대를 비난하지 않고 내 느낌과 나의

욕구에 집중해서 대화가 이뤄지게 된다. 대화를 통해 회피형의 방어막은 내려가고 당신에게 어떤 욕구가 중요한지 잘 이해하게 될 것이다.

4. 한 번에 담판 지으려 말기

회피형이 오늘따라 자신의 마음속 이야기를 털어놓는다면, 우리는 기뻐서 '더더더!'를 외칠 것이다. 그러나 첫술에 배부를 수 없다. 한 번에 모든 문제를 해결하려는 마음을 접길 바란다. 회피형은 자신의 감정을 공유하는 데 익숙지 않다. 그러다 보니, 대화 과정에서 남들보다 많은 에너지를 소모한다. 한 번에 우리 관계의 모든 문제를 해결하고 마무리 지으려고 하면 회피형의 배터리가 방전되는 것을 목격하게 될 것이다. 그리고 회피형은 이렇게 생각할 것이다. '역시 대화란 참 피곤한 거군. 상대는 내가 받아줄수록 끊임없이 요구하는군.'

5. 그 사람을 받아들이려는 마음가짐

회피형의 특성과 한계를 인정하고 받아들이려는 태도가 필요하다. '너는 회피형이 확실해! 너가 변해야 해.'라고 하는 건 그 사람에게 큰 고통을 주는 행위이다. 사랑하는 사람에게 우리는 무엇을 바라는가? 나의 존재가 있는 그대로 수용되길 바란다. 내가 가진 다양한 부분과 색채들이 인정되길 바란다. 어떤 하나의 유형으로 내가 판단, 평가되지 않길 바란다. 따라서 낙인을 찍으면서 그들에게 변신을 요구하지 말길 바란다.

상담에서도 애착 유형의 변화를 돕는 데 상당 시간이 소요된다. 애착 유형은 생애 초기에 형성되며 생애 초기에 형성된 구조일수록 그 힘은 강하다. 내 작은 습관 하나 변화시키는 것도 정말 힘들지 않은가? 항상 나를 먼저 돌아보면 된다. 따라서 내가 이런 성향, 성격 특성, 관계 양식을 가진 사람을 선택했다면 어느 정도 그 사람의 특성을 인정하고 한계도 받아들이면서 만나보면 좋겠다. 내가 안정적인 사랑을 주면서, 그 사람이 결과적으로 안정형으로 변하는 걸 지향하는 것과 그 사람을 변화시키려고 내가 몰두하면서 성격을 뜯어고치라고 요구하는 건 전혀 다른 이야기이다.

우리는 누군가를 구원할 수 없다. 이 사람의 특성을 어느 정도 받아들이든지 그럴 수 없다면 할 수 있는 데까지 노력해 보고 관계를 정리하는 게 서로에게 좋다. 나에게 굉장히 중요한 욕구가 무엇인지를 생각해 보자. 내가 어떤 사랑을 받길 원하지? 찬찬히 생각해보면 답이 나올 것이다. 예를 들어, 당신이 원하는 사랑 스타일이 '많은 시간 함께 보내기'라고 가정해보자. 그런데 현 연인이 이 부분을 도저히 충족해줄 수 없다고 판단된다면? 내가 원하는 욕구를 충족시켜줄 수 있는 새로운 대상을 찾는 것이 나와 상대 모두에게 덜 고통스러운 답이 될 것이다.

4.6

혼란형

I'M NOT OK,
YOU'RE NOT OK

형성 과정

유년기 부모를 무서운 존재로 반복해서 경험하는 경우, 혼란형 애착 유형이 될 수 있다. 구체적으로, 자녀가 도움을 요청하거나 정서적 지지를 구할 때 부모가 격렬한 분노로 반응하거나 자녀를 방치하는 일이 반복되면, 자녀는 부모에게 다가가는 것이 위험하다고 느낄 수 있다. 안식처이자 정서적 생존을 담당하는 부모가 자녀에게 공포의 대상이 되는 것이다. 나에게 위안을 주는 대상이 동시에 나의 생존을 위협하기 때문에 유아들은 이러한 모순 속에서 혼란스러움을 경험한다. 즉, 부모에게 다가가지도 도망치지도 못하는 얼어붙는 상태가 반복된다.

    부모의 이러한 양육 방식은 부모 자신의 미해결된 애착 외상에서 기인한다. 애착 외상은 대물림 된다. 부모는 자신이 받은 학대나 방임의 경험을 소화하지 못하고 그대로 자녀에게 돌려준다. 예를 들어, 부모가 자신의 상처 경험에 빠져있어 멍하니 텔레비전을 시청하거나 자녀 앞에서 펑펑 우는 모습과 같이 정서적으로 불안정한 모습들을 보여주게 된다. 부모가 든든한 어른의 모습이 아닌, 무너질 것 같은 모습으로 자녀에게 자주 노출되는 것이다. 이러한 부모의 정서적 불안정성은 자녀에게 큰 심리적 위협으로 작용한다. 결과적으로 혼란형 유아는 부모와 가까워지고 싶으면서도 동시에 멀어지고 싶은 양가 감정을 갖게 된다.

애착 유형 검사에서 나타나는 반응

    애착 유형 검사에서 안정형 유아는 엄마를 만나 금세 진정되었고 회피형 유아는 엄마에게 관심이 없는 척을 하였으며 불안형 유아는 쉽게 진정되지 않았다. 이처럼 다른 애착 유형의 유아들은 일관적인 전략을 구사하였다(회피형-회피하고 밀어내기, 불안형-접근하여 집착하기). 반면 혼란형 유아는 재회 장면에서 어떤 전략도 일관적으로 쓰기에 어려운 듯 보였다. 예를 들어, 혼란형 유아는 엄마와 재회했을 때

종종 멍하게 있거나 얼어붙은 듯한 반응을 하였다. 엄마에게 다가가기도 무섭고 그렇다고 멀어지기도 두려운 것이다. 이처럼 접근과 회피 사이에서 갇힌 상태는 혼란형 애착 유형의 특징적인 반응으로, 유아가 엄마와의 관계에서 느끼는 극도의 내적 갈등을 반영한다.

성격 특징

혼란형은 자존감이 낮고 타인을 신뢰하기 어려워한다. 이는 어렸을 때 원가족에게 조롱, 학대, 방임 등을 경험하였기 때문이며 태어난 것 자체가 문제라고 느끼는 경우도 있다. 자신을 과소평가하기 때문에 타인에게 의존하고 기대고 싶어 한다. 그런데 타인을 믿을 수가 없다. 내가 맺은 최초의 관계가 너무 신뢰하기 어려웠으니까. 그러다 보니 타인에게 집착하다가 가까워지면, 실망하거나 두려워하여 관계를 끊어내는 패턴들을 보인다.

혼란형은 유년기에 경험한 애착 트라우마가 처리되고 소화되지 않은 상태로 성장하였다. 처리되지 않은 상처 경험들은 불쑥불쑥 올라오며 현재 삶에 영향을 미친다. 과거의 상처 경험은 작은 다툼에도 불쑥 떠올라 큰 갈등으로 증폭되곤 한다.

> **[안정형]**
> 아내와 청소 문제로 다툼 ···▶ 청소 문제로만 싸우고 해결
>
> **[혼란형]**
> 아내와 청소 문제로 다툼 ···▶ '하나같이 여자들은 왜
> 이렇게 이기적이야! 우리 엄마랑 똑같아.
> 엄마도 항상 자기만 생각했지.
> 나한테 한 번도 관심을 기울여 주지 않았어.'
> ···▶ 감정이 증폭됨 ···▶ 싸움이 커짐

마지막으로 혼란형은 불안형과 마찬가지로 경험에 대해서 떨어져서 숙고하는 것을 어려워한다. 즉, 경험 자체를 실제 현실로 지각한다. 예를 들어, 상사와의 대화에서 자신이 무시당했다고 느꼈다면 실제로 상사가 자신이 무시했는지와는 관계없이 자신이 그렇게 느낀 그대로를 사실로 받아들인다. 따라서 혼란형과의 상담에서는 감정에 압도되지 않고 감정 자체가 자신이 되지 않도록 거리를 두고 바라보는 작업을 오랜 기간 하게 된다.

> **[안정형]**
> '팀장이 날 무시하는 것 같은 느낌이 들어 기분이 나쁘네.'
>
> : 메타인지가 잘 기능하는 상태
>
> ---
>
> **[혼란형]**
> '아니, 왜 날 무시해!? 진짜 화나네. 어떻게 복수하지?'
>
> : 메타인지가 잘 기능하지 못하는 상태

연애 방식

혼란형의 연애는 매우 고통스럽고 복잡하며 강렬하다. 혼란형은 정서 조절을 어려워하기 때문에, 상대방에게 정서적 의존을 과도하게 한다. 상대방이 나를 달래주고 진정시켜주길 바란다. 물론 우리 모두에게는 파트너가 나를 진정시켜주고 공감해주길 바라는 마음이 존재한다. 문제는 혼란형은 자신을 스스로 달래기가 어렵기 때문에 전적으로 파트너에게 감정적으로 의존해야 한다는 점이다. 혼란형이 감정 조절에 어려움을 겪는 이유는 유년기 부모와의 애착 관계에서 정서 조절 능력이 발달되지 못했기 때문이다. 유아는 스스로 정서를 조절할 수 없다. 따라서 유아가 강렬한 정서에 압도되었을 때 부모가 아이의 정서를 조절하는 기능을 담당한다. 부모가 정서적 피난처가 되어서 아이의 감정을 담아내고 진정시켜준다. 예를 들어 "민서야, 지금 기저귀가 축축해서 화가 났구나. 아빠가 어서 갈아줄게. 괜찮아."라는 부모의 반응을 통해 민서는 산뜻한 기저귀의 촉감을 느끼며, 아빠에게 안겨서 짜증 났던 감정을 진정시킨다. 부모가 지속적으로 정서를 조절해주는 과정을 통해, 자녀는 점차 자신의 정서를 스스로 조절할 수 있게 된다. 정서 조절 기능이 내면화되는 것이다. 이처럼 정서 조절 능력은 부모가 물려준 아주 중요한 유산이다. 그런데 혼란형의 경우 부모를 통해 진정되기는커녕 자신을 정서적으로 각성하게 만들고 고통스럽게 하는 주체가 부모이기 때문에 정서 조절의 어려움을 겪게 된다.

혼란형은 상대방이 자신을 유기할 것이라는 두려움이 크기 때문에, 반복해서 관계를 테스트한다. 이래도 자신을 사랑할 것인지를 확인하는 것인데, 상대방 입장에서는 받아들이기 힘든 행동들도 있다. 관계 테스트를 좋아하는 사람은 없기 때문에 결과적으로 상대가 떠나는 일이 빈번하다. 이는 슬프게도 '사람들은 나를 떠난다'는 자신의 유기 신념을 더욱 굳히는 결과를 낳는다. 대표적으로 경계선 성격 장애가 혼란형 애착 유형에 포함된다. 단, 혼란형 애착이라고 모두 경계선 성격장애는 아니므로 유의하길 바란다.

이상화와 평가절하가 반복해서 나타난다는 점도 혼란형 연애의 대표적 특징 중 하나다. 혼란형은 처음에는 연인을 매우 이상화해서, 완벽한 이상형으로 생각한다. 자신을 구원해 줄 대상을 오매불망 기다리고 있기 때문에 어떤 대상이 나타나면 급하게 이상화를 해서 취하는 것이다. 그러다가 그 사람이 점점 자신을 좋아하는 것 같고 관계의 친밀도가 높아지면, 상대의 단점들이 눈에 들어오게 된다. 마음 안에 이런 생각이 올라온다. '무슨 꿍꿍이지? 나를 이용하려고 하는 건 아닐까?' 그 사람의 의도를 의심하기도 하면서 평가절하한다. 정작 가까워지면 내면이 다칠까 두려움이 엄습하는 것이다. 내면의 기초공사가 탄탄히 되지 않은 상태에서 타인에 대한 불신도 있다보니 가까워질수록 나를 해하거나 상처를 줄까 불안해한다. 이로 인해 파트너를 회피하는 행동과 매달리는 행동이 반복적으로 나타난다. 파트너의 단점들을 생각하면서 강한 분노와 경멸감을 느끼다가도 연인이 자신을 버릴 것이라고 느껴지면, 자신을 구원할 사람처럼 지각하면서 필사적으로 매달리게 된다.

마지막으로 혼란형은 관계에서 자신을 잘 보호하지 못한다. 경계가 없는 가족 구조 안에서 성장했기 때문이다. 가령 부모가 과하게 자녀를 간섭하고 통제했을 수 있다. 또한 부모의 일을 부모 선에서 처리하지 못하고 자녀에게 감정을 쏟아내는 일도 있었을 것이다. 그 결과 혼란형은 타인이 부모와 비슷하게 행동하는 것을 허용한다. 나에게 막 대하는 것을 허용한다. 부모와 함께 있으면 늘 불안했고 화났고 떠날까 불안했다면, 연애에서도 부모처럼 자신을 긴장시키고 불안함을 일으키는 대상에게 끌리게 된다. 그렇게 자극적인 대상에게 끌리며 사랑이라고 착각한다. 그러다 보니 학대적인 관계를 지속하는 경우도 많다.

 **나 또는 연인이 혼란형이라면?**

혼란형은 애착 트라우마가 있을 가능성이 높다. 유년기 애착 관계에서 외상을 입는 것이다. 이 외상이 소화되지 않은 상태로 남아있게 되면, 현재의 삶에 영향을 미친다. 발달상 취약한 시기에 대인관계에서 반복적인 트라우마를 경험한 생존자는 복합 외상 후 스트레스 장애(Complex Post Traumatic Stress Disorder; CPTSD)[24]를 겪을 수 있다. 당신의 파트너가 혼란형이라면 복합 외상 후 스트레스 장애를 겪고 있을 수

---

[24] Herman, J. L. (1992). Complex PTSD: A syndrome in survivors of prolonged and repeated trauma. Journal of Traumatic Stress, 5(3), 377-391.

있다는 뜻이다. 그 결과 다양한 증상이 존재할 것이다. 구체적으로 당신의 연인은 ① 과거의 트라우마 경험이 침투적으로 떠올라 고통스러워 한다. ② 자신에 대해 부정적으로 생각한다. ③ 정서조절의 어려움을 겪는다. ④ 원치 않는 생각이나 느낌, 감각에 대해 통제하거나 회피하려 한다.

이처럼 유년기의 상처가 클수록, 그 상처는 뿌리에 남아 이후 성격 구조나 관계 패턴에 강력한 영향을 미친다. 따라서 내가 스스로 연인의 성격을 변화시키려고 노력하기보다는 전문가의 도움을 받길 추천한다. 상담 만능주의를 주장하는 건 아니다. 무조건 전문가와 상담을 해야 상황이 해결된다고 보지도 않는다. 다만 연애하는 과정에서 서로가 덜 상처받기 위함이며 보다 효과적인 개입을 위해 추천을 드린다.

희망을 노래하며

10년 넘게 상담하면서, 애착이 관계에 미치는 영향력을 몸소 체험했기에 애착 유형 안내에 상당한 분량을 할애하였다. 우리는 대화법이나 관계 기술을 익히면, 관계를 잘할 수 있다고 생각하며 빠른 해결책을 바란다. 자신에게 맞는 획기적인 해답을 기대하기도 한다. 물론 대화법과 관계 기술이 어느 정도 습득되어야 관계를 잘할 수 있다. 따라서 상담에서 대화법이나 관계 기술을 안내하고 훈련도 한다. 그런데 그것만으로는 관계가 풀리지 않는다. 왜냐면 나의 모든 관계에 영향을 주는 뿌리이자 원형이 뒤틀려있기 때문이다. 그

뿌리를 잘 돌보아주고 회복시키지 않으면 잎에다가 아무리 물을 뿌려도 변화가 없다. 따라서 관계에 고질적인 어려움이 있는 분들을 만날 때 애착 검사와 애착 면접을 실시하여 애착 유형을 파악한 후 상담을 진행하고 있다.

너무 결정론적이지 않냐고 속상해하거나 분노를 표하는 분도 있을 것이다. 그러나 나는 결정론적이라고 생각하지 않는다. 오히려 내가 하고자 하는 이야기는 희망의 노래에 가깝다. 나의 무의식적인 관계 패턴에 영향을 미치는 뿌리 깊은 원인을 이해하고 풀어내면 변화할 수 있다는 해답에 가깝다.

어릴 때의 상처받은 경험을 잘 소화하고 처리하면 과거가 나에게 미치는 영향을 줄일 수 있다.

게다가 애착 유형에 대한 이해는, 나를 안아줄 수 있는 계기가 된다. 대부분 관계가 어려워지면, 자신에게 비난의 화살을 돌린다. 그런데 애착을 이해하고 나면, 지금 나의 모습이 부모와의 관계에서 살아남기 위해 선택할 수밖에 없었던 유용한 생존방식임을 이해하게 된다. 나의 생존에 영향을 미쳤던 관계 양식을 어떻게 쉽게 도기할 수 있을까? 그렇게 자신을 다독이며 연민의 마음으로 천천히 나아가길 바란다.

CHAPTER 05

왜 관계가 어려울까

/ 사회문화적 요인 /

5.1

나는 특별하니
그만한 대우를 받아야 해

2023년 한국 출산율은 0.72명으로 OECD국가 중 최하위를 기록했다. 아이를 낳지 않거나 많아야 1~2명의 아이를 낳는다는 이야기다. 이러한 가족 형태의 변화가 개인에게 어떤 영향을 줄지 생각해 본다. 자녀가 6명이라면, 부모의 기대가 6등분이 될 것이다. 현대에는 외동인 자녀에게 오롯이 부모의 기대와 관심이 쏟아진다. 부모는 아이를 초롱초롱한 눈으로 바라보며, '너는 무엇이든 할 수 있단다. 너는 다른 아이와는 다른 특별한 아이란다.'라는 식의 언어적, 비언어적 표현을 전달한다.

    그런데 고등학교를 졸업하고 대학교, 사회에 나가보니

잘난 친구들이 수두룩하다. 내가 세상의 중심인 줄 알았는데 다른 친구에게로 관심이 쏠리는 걸 보니 마음이 불편하고 시기심, 질투심이 올라온다. 별것도 아닌 게 왜 저렇게 잘나가나 싶어 분하다.

중학교 때 공부를 잘해 외국어고등학교나 과학고등학교에 진학했는데 결국 자퇴한 친구들의 이야기를 종종 전해 듣는다. 자퇴의 이유 중 하나는, 내가 세상의 최고인줄 알았는데 모두가 잘하는 상황을 받아들이기가 힘든 것이다. 실제로 자사고나 특목고에 진학하여 공황장애, 우울장애 등 다양한 증상으로 상담센터를 찾아오는 청소년 친구들이 많다. 나만 특별해야 하는데, 타인이 더 특별해 보이는 상황을 마주하기가 힘들다.

관계를 잘하려면 타인의 이야기에 경청할 수 있어야 한다. 표준국어대사전에서 '대화'의 정의를 살펴보자.

[대화: 마주 대하여 이야기를 주고받음]

일방향으로 말하는 강연과는 다르게 서로 말이 오고 가야 한다는 말이다. 소위 말하는 '티키타카'가 되어야 한다. 반면 자신에게 온통 신경이 쏠려있는 경우, 대화가 원만히 흘러가지 않는다. 이처럼 주의가 자기 자신에게 집중되어 있는 것을 심리학에서는 자기초점주의(self-focused attention) 라 부른다. '나를 어떻게 평가할까? 나를 매력 있다고 생각할까? 지루하다고 생각하지 않을까?' 이러한 자기 초점주의로 인해, 대화 내내 상대방의 이야기에 집중하기가 어렵다. 게다가 자신이 어떻게 보일지에 마음이 빼앗기다 보니 내 본연의 자연스러운 모습이 나오지 못한다. 자신에게만 관심이 있고 타인에게 관심이 없으니, 대화하다 타인의 이야기를 자신의 이야기로 쓱 가져와서 결국 자기 이야기로 끝내는 경우도 많다. 그러다 보니, 친구들도 하나둘씩 만남을 꺼리기 시작한다. 대화에 집중도 못 하고 자기 이야기만 늘어놓는 사람의 만남은 피로감만 줄 뿐이다.

자기애의 손상으로 상담을 받는 사례가 점점 증가하고 있다. 이상적 자기의 모습을 웅대하게 그리고 꿈꾸지만, 현실의 자신은 평범한 존재임을 마주하며 괴리감을 느낀다. 이러한 현실과 이상 간의 불일치가 클수록 개인은 더 큰 불행감을 경험한다. 스스로가 초라하게 느껴진다. 나는 특별하니까 주목을 받아야 하고 예외들이 인정되어야 하는데 그렇지 않은 현실에 자꾸 화가 나고 수치심이 올라온다. 현실의 자기가 이상적 자기에 다가갈 수 있도록 성장하는 것도 중요하지만, 더 중요한 건 과대 설정된 이상적 자기를 적정 수준으로 내려놓는 일이라 본다.

부모가 자녀를 따뜻한 눈으로 바라봐 주며 긍정적인 피

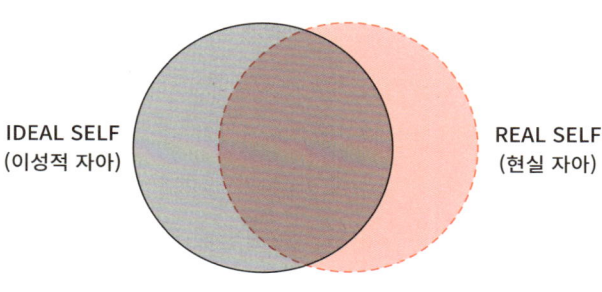

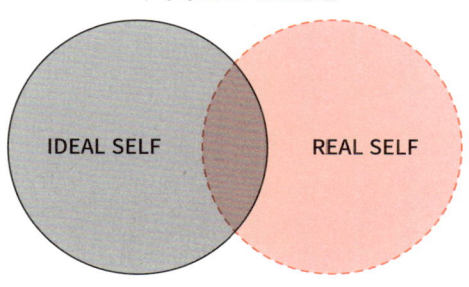

드백을 주는 것은 중요하다. 하지만 자녀에게 지나친 특별함을 주입하는 양육 방식은 변화할 필요가 있다. 그것이 자녀를 너무나 고통스럽게 하는데 기여할 수 있으니 말이다. 그래서 '너는 정말 다르구나. 너는 특별하구나. 너는 정말 잘생겼구나. 너는 천재야.'라는 맹목적인 찬사보다는 '이런 부분은 정말 멋지다. 어떻게 이렇게 만들게 된 거니? 어떻게 그러한 결과를 가져올 수 있었니?'와 같이 구체적인 피드백을 해주길 바란다. 그리고 그 결과를 만들어낸 자녀의 노력과 과정에 대한 긍정적 강화를 해주는 것이 중요하다.

그리고 자녀가 어떤 특별한 무언가를 갖고 있거나 뛰어난 성취를 이루었기 때문이 아니라 그 자체 그대로도 충분함을 언어적, 비언어적 표현으로 전달해 주어야 한다. 자녀에게 다른 사람들 역시 각자의 특별함을 가지고 있음을 안내해주길 바란다. 그 모든 특별함들이 모여서 이렇게 세상이 아름다운 거라고.

과거에 영화배우 전지현 씨가 인터뷰한 글을 읽고 굉장히 인상적이었던 기억이 있다. 일상에서도 '나 전지현이야.'라고 생각하면 불행해진다고. 그냥 평범하게 일상을 지내려고 한다고. 연예인들은 대중의 선망을 받다 보니 자신도 모르게 우월감이나 특권 의식을 가질 수 있다. 이러한 마음들이 너무 비대해지면, 마음에 병이 생길 수 있다. 자기를 구성하는 것에는 연예인이라는 직업적 정체성도 있지만 소소하게 하루를 살고 남들처럼 기쁘고 슬퍼하는 일상의 자기도 있을 것이다. 그런데 나의 부분을 나 자체(직업=나)라고 인식하는 순간 마음에 조금씩 균열이 생긴다. 영원할 것 같던 인기가 한순간의 판타지처럼 사그라졌을 때 자신이 만들어 놓은 이미지와 불일치하는 현실을 받아들이기가 어렵기 때문이다.

전지현도 일상을 평범하게 살려고 노력한다. 우리의 반짝이는 평범한 부분들을 인정해주기를.

나 = 인정받는 상담자
(상담자가 아니게 되면, 무너질 수 있음)

나 = 상담자, 강사, 크리에이터, 상담센터 대표, 엄마,
아내, 딸, 친구, 언니, 영화를 좋아하는,
여름을 좋아하는….
이 모든 것으로도 전부는 설명될 수 없는 나

5.2

관계는 후순위인 사회

과거에는 혼자서 식당을 들어가는 일이 아주 흔하진 않았다. 나는 여대를 나오면서 혼자 먹는 행위가 아주 익숙해졌다. 뷔페에도 혼자 갈 수 있다. 뷔페까지 가는 건 조금 상위 레벨이긴 하지만…. 여하튼 세상이 정말 빠르게 변한다 싶은 게 최근 들어 혼자서 식사하는 사람도 눈에 띄게 많아졌고 혼자서 할 수 있는 일이 너무 많아졌다.

혼자서 유튜브나 넷플릭스를 보면서 밥을 먹으며 웃고 있는 사람들도 자주 보인다. 과거에는 온라인 학원이라는 개념 자체가 거의 없었고 오프라인으로 학원을 다니는 것이 일반적이었다. 지금은 학생들뿐만 아니라 성인들까지도 온라인 강의를 듣는다. '라떼'는 친구들과 만나 함께 이것저것 하며 놀았지만, 지금은 각자의 집에서 헤드셋을 착용하고 온라인상에서 친구들을 만나 함께 게임을 한다. 또는 익명의 온라인 친구랑 놀기도 한다.

이렇듯 혼자서 살기 편한 세상이 되었다. 결혼, 출산율도 줄어들며 1인 가구를 중심으로 세상이 편성되고 있다. 어렸을 때부터 관계 속에서 부딪히며 관계하는 법을 배워야 하는데 한 자녀 출생, 놀이보다 학습을 권장하는 문화, 온라인 중심의 학습 등으로 어떻게 관계하는지 배울 기회가 줄어들었다. 부모가 자녀에게 관계하는 법을 지도해 주어야 하는데, 부모도 일에 치여 학원을 뺑뺑이 돌리기 바쁘다. 게다가 부모가 된다고 갑자기 심리적으로 성숙해지는 것은 아니다. 미성숙한 부모가 본인의 경험에 기반한 왜곡된 사고관으로 자녀를 양육하다 보니, 자녀도 비슷한 세계관을 형성하게 된다.

> **"지금은 학업만 신경 쓰면 돼."**
> → 학업뿐만 아니라, 청소년기에 마음의 핵심 근육들을 만들어 놓아야 성인이 되어 다양한 경험을 마주할 때 쉽게 무너지지 않고 나아갈 수 있음.

> "대학 가고 나서 생각해. 다른 건 알아서 다 해결돼."
> → 전혀 해결되지 않음.

> "친구들에게 약점 잡히니까,
> 너의 개인적인 이야기는 하지마. 뒤통수 맞을 거야.
> 그걸로 널 이용할 거야."
> → '타인은 널 이용할거야'라는 경직된 신념을 자녀에게 주입함.
> 이용하는 타인도 있지만 아닌 타인도 다수임.
> 스스로 경험하며 자신의 신념을 만들기 전에
> 왜곡된 신념이 형성되어 버림.

    다른 나라도 그렇겠지만 한국 사회는 경쟁이 치열한 사회다. 좁은 땅덩어리에 다들 열심히 산다. 게다가 학벌 중심의 사회이기 때문에 좋은 대학에 들어가는 것이 너무나 중요해 왔고 대학입시에서의 성패가 인생의 많은 부분을 좌우한다고 생각한다(지금은 이런 생각들에서 약간은 자유로워지긴 했지만). 그러다 보니, 어렸을 때부터 대학입시에서 성공하기 위해 옆 친구와 경쟁하는 문화가 발달하였다. 그리고 SNS문화로 인하여 이러한 비교 경쟁이 더욱더 심화되었다.

    어렸을 때부터 부모에게 "옆에 친구를 이겨야 해. 1등 해야 해."라는 이야기만 내내 듣고 자라온 아이가 성인이 되어서 타인과 인간적으로 관계하는 게 쉬울까? 경쟁하는 법은 배웠지만 관계하는 법은 배우지 못했다. 다양한 친구들과 관계를 맺어보고 실수도 해보면서 관계력을 길러야 하는데, 그 기회들을 많이 박탈당했다. 부모의 과잉보호로 인해 아이들끼리의 사소한 갈등에도 부모가 과도하게 개입하여서 신고하고 심지어는 고소하는 일도 많다. 아이들끼리 풀어갈 수 있는 문제가 부모들의 일이 되어버린다. 어떨 때 보면, 아이를 진심으로 걱정해서라기보다, 부모의 '자기'가 상처받아 부모들끼리 싸우는 것 같다.

알아서 되는 건 없다. 학문도 기초부터 쌓아야 나중에 더 높은 수준의 학습을 할 수 있지 않은가? 운동도 기본 근육부터 만들어야 고강도 운동을 할 수 있지 않은가? 테니스를 배울 때 처음부터 게임에 나갈 수 없다. 공도 없이 테니스 채를 쥐고 팔을 휘두르는 연습만 반복한다. 게임에 나갈 수 있는 건 최소 몇 개월이 지나서다. 아이돌 연습생들은 기획사에 들어가서 기본기에 해당하는 동작만 몇 개월 연습한다고 한다. 다른 영역에서 실력을 키우려면 시간이 걸리고 기초부터 쌓아야 한다는 걸 알면서, 왜 관계에서는 알아서 잘될 것으로 생각할까? 그러다 보니 결혼 후 부부관계로 힘들어하는 사람들이 많다. 나 잘났다고 살아온 둘이 만나서 부딪쳐 가며 맞춰 보는데 관계의 기초가 없으니, 뭉친 실타래를 풀 길이 없다.

5.3

여유 없음

취업이 과거에 비해 힘들어졌고 자신에 대한 기준은 높아졌다. 내가 원하는 직장에 취업해서 커리어를 쌓고 경제적 안정을 도모하기가 쉽지 않은 상황이다. 평범하게 월급을 받으며 살아가는 일이 이렇게 어려운 일이었나 싶다. 그러다 보니 요즘 20~30대는 마음의 여유가 없다. 대학 1학년 때부터 취업 준비를 하며 학점관리로 스트레스를 받는다. 이에 더해 자격증 준비, 인턴, 영어시험 등 스펙을 쌓는 데 급급하다. 그만큼 살기가 어려워졌다는 뜻이다. 그러다 보니 누군가와 관계를 맺고 시간과 마음의 에너지를 쏟는 것은 사치처럼 느껴지는 시대가 되었다.

게다가 홀로 생활하는 데 불편함이 없는 사회에 살고 있기 때문에, 외로움이 올라오더라도 '굳이'라는 마음이 우선하는 것 같다. 나를 우선순위에 두고 나의 커리어, 나의 취미생활, 나의 삶에 집중한다. 과거에는 '우리'도 삶에 중요한 측면이었다면 현재는 '나'가 절대적으로 우선시된다.

　현재 우리의 문화는 마음을 쪼들리게 한다. 최근에는 관용이 많이 줄어들었다고 느껴진다. 조금이라도 늦거나 불편한 것들을 견디지 못한다. 공인들을 평가하는 인터넷 댓글들을 보면, 인간에 대해 매우 단편적인 시선을 관찰하게 된다. '인간은 안 변하지.' '환승을 했으니 죽어도 싸다.' '돈 안 중요하다고 하더니 하는 짓 봐라.' 살아가다 보면 겪을 수 있는 시행착오들, 심지어는 나 자신도 하게 되는 잘못, 실수들에 대해서 가차 없이 악인이라고 못 박는다. 인간은 매우 복합적인 존재이고 마음에 다양한 모순이 존재한다. 인간은 원래 모순덩어리다. 스스로를 돌아보는 것이 가장 빠를 것이다. 성격이 중요하다고 하면서 나도 모르게 그 사람의 직업을 살피고 있지 않은가? 어떠한 일이 있어도 응원해 주는 것이 친구라고 하면서도 너무 잘나가는 친구를 보며 괜스레 울적해 본 적은 없는가? 어떤 시점에서는 A가 맞다고 생각했다가 시간이 지나 B가 맞다고 생각할 수 있다. 내 몸과 마음이 자라듯 나의 가치관, 생각, 관념들이 흐르는 것은 당연하다. 오히려 고인 것보다는 흐르고 변화하는 것이 더 멋있는 태도다.

'어떤 사정이 있었겠지.'라는 고려와 관용도 마음에 여유가 있어야 가능하니까…. 내 마음에 공간이 없다보니 관계에서 마음이 상하는 일이 생기면 쉽게 상대를 판단하고 손절한다. '저런 이기적인 애랑은 앞으로 상대를 하지 않아야겠다!'라는 생각으로 관계를 끊어버린다. 이렇게 쉽게 평가하고 단절해 나가면서 깊이 있는 관계로 이어지지 못하게 된다.

5.4

도태에 대한 불안감

우리나라는 사회에서 요구하는 발달과업을 제 시기에 성취하지 못하는 것을 죄악시하는 경향이 있다. 개개인의 다면성을 인정하기보다는 보편적인 흐름을 따라가는 것이 건강하다고 여긴다. 명절에 친척들을 만나기 싫은 이유도 이런 문화와 무관하지 않다. "취업했니? 결혼은 언제 하니? 아이는 언제 낳을 거니?"와 같은 이야기를 들을 게 뻔하기 때문이다. 그러다 보니 이러한 발달과업을 적절한 시기에 달성하지 못했을 때 위축감, 수치심을 느끼게 된다. 그리고 부족한 자기를 드러내는 것을 꺼리면서 사람들을 만나는 것을 피한다. "취업이 되면, 자리를 잡으면 떳떳하게 친구를 만날 거예요."라는 이야기를 상담실에서 듣는다.

게다가 각종 소셜 미디어는 가진 것들을 전시하는 공간이 되고 있다. 과거에는 엄마 친구 아들/딸만 신경을 쓰면 됐는데 지금은 소셜 미디어상의 많은 사람과 자신을 비교할 수 있게 되었다. 그러다 보니 그 안에서 상대적 박탈감을 크게 느끼며 사람들 앞에 나서기를 꺼리게 된다. 사람들을 만나서 경험을 쌓지 않으니 더욱 관계가 어려워지고 고립으로 이어지는 악순환이 발생한다. 사람들과의 경험이 부족해지면 혼자만의 생각에 갇히게 되고, 자기 생각을 강화하게 된다. 자신과 생각이 비슷한 콘텐츠만 반복적으로 소비하면서 편향적 시각에 갇히게 된다.

소셜 미디어를 보다 보면 남들 하는 건 다 하고 싶다. 과거에는 경제 수준에 따라 즐기는 취미 생활 등이 달랐던 것 같은데 요즘에는 모두가 동일한 취미를 즐기는 것 같다. 모두 러닝 크루에 가입하고 테니스나 골프를 치며 일 년에 한 번씩은 해외 여행을 간다. 그 마음이 이해가 되면서도, 자신의 현실 여건과 맞지 않는 활동들을 '나는 소중한 존재니까. 인생 즐겨야지.'라는 이유로 반복하는 것엔 동의하지 않는다. 인생은 한 번뿐이니 즐기자는 말을 하기 위해서는 1인분을 오롯이 스스로 해내는 책임감이 수반되어야 한다. 내 인생은 죽을 때까지 내가 책임져야 하며, 이를 기반으로 즐길 수 있어야 진정한 즐거움이 아닐까? '원하는 건 모두 가질 수 있어.'라는 자유는 우리에게 희망과 자책감을 동시에 부여한다. 원하는 걸 모두 가질 수 없는 나는 부적절한 존재로 느껴지니 말이다. 내가 부적절하고 수치스럽게 지각되었을 때 관계를 편안하고 나답게 맺기란 불가능하다. 모쪼록 우리 사회의 물질만능주의적 분위기가 조금은 완화되길 바라본다.

CHAPTER 06

건강한 관계를 위한

전제 조건

6.1

관계를 잘하는 방법

관계 잘하는 방법에 대해 많은 사람이 궁금해한다. SNS, 책, 강의 등에서는 관계를 잘하기 위한 다양한 기술을 현란하게 소개한다. 호구 되지 않는 법, 나를 이용하는 사람 거르는 법, 매력적으로 대화하는 법 등등…. 그렇지만 이러한 기술에 우선시 되는 게 있다. 바로 관계를 잘하기 위한 제1의 조건은 나의 심리적 건강이다. 내 마음이 튼튼하지 않으면, 아무리 많은 기술과 기법들을 익혀도 소용이 없다. 배우가 배역에 대한 이해가 얕고 연기에 감정을 담지 못한다면, 숙련되게 우는 법, 대화할 때 억양 등을 아무리 익혀도 관객들이 감동하지 못한다. 같은 이치로 내 중심이 단단하지 않

건강한 관계를 위한 전제 조건

은 상태에서 관계 기술을 배우게 되면, 초반에는 매력적으로 보일 수는 있겠지만 관계가 진전되기는 어렵다. 표층적인 관계에 그치고 만다. 내가 단단하고 중심이 잡혀있지 않기 때문에 타인의 반응에 수없이 흔들리고 무너지는 것이다. 상대방의 말을 왜곡해서 받아들이고, 곱씹으며 괴로워하기도 한다. 결국 타인의 반응을 받아들이고 해석하는 주체가 '나'이기 때문에 내가 바로 서는 게 중요하다. 나의 마음이 건강하고 단단해진다면, 관계의 80%는 해결된다고 본다.

20대의 나는 내면이 단단하지 못했던 것 같다. 그러다 보니 사람들과 만남을 하고 돌아오면 공허하고 에너지가 방전된 느낌을 자주 받았다. 분명 즐겁긴 했는데 공허함이 밀려왔다. 사람들에게 좋은 평가를 받기 위해 과하게 행동했던 자신을 곱씹으며 이불킥도 수십 차례 했다. 하루 사람을 만나면, 이후 2~3일은 이불 속에서 보내야 했다. 이불 밖은 무서웠다. 집단 속에서 느껴지는 부대끼는 감정을 감당하기 어려웠다. 게다가 타인에게서 마음에 안 드는 구석들이 너무 많이 보였다.

'저 사람은 왜 이렇게 속물적이야?'

'왜 이리 시답지 않은 얘기를 하고 있어. 지루하다.'

좋아하는 사람, 편하게 느껴지는 사람이 많이 없었다. 그러다 보니 자연스레 관계도 좁아질 수밖에 없었다. 극소수의 친구들과만 반복해서 만나며 '나는 좁고 깊은 인간관계를 선호하는 사람이고 세상엔 이상한 사람들이 많다.'는 결론을 내렸다. 그런데 지금은? 여전히 나는 좁고 깊은 인간관계를 선호하는 사람이다. 사람을 자주 만나지도 않는다. 하지만 큰 차이점이 존재한다. 사람들과 만난 뒤에도 공허함을 느끼거나 방전되지 않는다. 매일 밖에 나가도 편안하다. 그리고 모든 사람이 웬만하면 크게 싫은 구석이 없다. 다 그 나름대로 사랑스럽다.

결국 내가 나를 마음 깊이 사랑하게 되고 마음이 튼튼해지니, 관계도 편안해진 것이다. 가면을 쓰지 않고 나답고 자연스럽게 사람들을 만나게 되니 공허함도 사라졌다. 내 스스로가 충분하다고 생각하니 집에 돌아오면서 내 행동을 검열하고 자책하는 일도 현저히 줄었다. 이렇듯 관계의 첫 출발은 '나'인 것이다.

따라서 나 자신과의 관계를 건강하게 맺는 법부터 살펴보려고 한다. 관계에서 편안함에 이르기 위한 열쇠에 해당하는 부분이니 지나치지 말고 살펴보길 바란다.

건강한 관계를 맺기 위한 기본 능력은 유년기에 대부분 형성된다. 부모가 자녀에게 충분히 좋은 대상이 되어 주면,

아이는 사람을 신뢰하게 되고 자신 또한 믿게 된다. 부모의 사랑 어린 눈빛을 보며, 자신을 충분히 사랑받을 만한 존재로 지각하게 된다. 반대로 부모가 지나치게 평가하거나 판단하고 반복적으로 갑작스러운 분노를 폭발하거나 짜증을 부린다면 자녀는 무언가 자신이 부적절한 존재라는 느낌을 갖게 된다. 부모가 자신의 감정에 휩쓸려 아이의 감정을 잘 돌보지 못하면 자녀는 자신의 감정을 다루는 방법을 배우지 못하게 된다. 이렇듯 부모와 자녀의 관계는 자녀의 마음 밭에 촘촘히 영향을 미친다. 유년기 내 마음 밭에 부모가 어떤 씨를 뿌리느냐에 따라 마음 밭이 비옥한 땅이 될 수도, 척박한 땅이 될 수도 있다. 내가 선택할 수 없는 대상이 나의 뿌리가 되어, 이리도 깊은 영향을 미친다는 사실이 실로 무시무시하다.

그렇지만 낙담하지 말았으면 한다. 부모가 우리 인생의 1장을 쓰는 것을 막을 수는 없지만 나머지 장들은 우리가 직접 써내려 갈 수 있다. 10년 넘게 상담을 진행하며 많은 내담자들을 만나왔다. 시간이 지나면서 석사 1학기 때 써 내려간 인간에 대한 관점은 더 확고해졌다. '인간은 선택의 자유가 있다. 즉, 인간은 변화를 선택할 수 있다.'

'이분이 얼마나 변화할 수 있을까? 변화가 가능할까?'라는 마음이 나도 모르게 번뜩 스쳐 지나갈 때가 있다. 그러나 인간의 변화하고자 하는, 나아가고자 하는 에너지는 실로 강하다. 매번 그들의 변화는 나의 예상을 초월한다. 상담을 통해 인간에 대한 믿음과 존경의 마음을 더욱 깊게 가지게 되었다. 감히 내 마음대로 그 누군가의 한계를 짓지 않는다.

이 책을 읽는 독자들도 마찬가지다. 책을 집어 들고 뭔가 바꾸어 보고 싶은 마음으로 글을 읽어 내려가고 있는 것 아닌가? 그것만으로도 이미 대단하다. OTT와 숏폼의 유혹을 이겨내고 지루한 책의 중반까지 왔다. 축하하고 응원하며 존중한다. 이제부터 스스로를 믿고 관계를 잘하기 위한 마음의 구조를 차근차근 만들어가보자. 나의 마음이고 나의 몸인데, 응당 내가 만들어나갈 수 있다.

아이가 부모를 통해 갖게 되는 내면의 힘

- '너는 충분해'라는 부모의 비언어적, 언어적 태도 → 자존감
- 부모가 아이의 감정을 외면하지 않고 수용해주고 진정시켜줌
  → 감정조절력
- 부모가 아이의 표면적 행동 이면의 정서들을 읽어줌 → 정신화

6.2

자존감이 관계에 도움이 된다고?

자존감이 대체 뭐길래? 물리도록 들은 단어 '자. 존. 감'. 중요한 건 왜 다 진부할까? 믿음, 사랑, 성실함, 인내심 등 중요한 말들은 지루하다. 그렇다고 중요한 것을 중요하지 않다고 말할 순 없다. 나도 어렸을 땐 성실함이란 단어가 참 싫었다. 성실한 사람보단 특별하고 재능있는 사람이길 원했다. 그래서 타인에게 성실하지 않은 척 보이려 애쓰기도 했다. 공부를 별로 하지 않아도 시험 점수를 잘 받는 아이인 척 말이다. 그런데, 무매력으로 다가왔던 성실한 사람들을 이제는 존경의 눈으로 바라본다. 나이가 들수록 성실함을 이길 수 있는 게 별로 없다는 생각이 든다. 그래서 부모님들에게 말씀드리고 싶다. 머리가 좋아서 공부 안 해도 이 정도 성적이 나오는데, 공부하면 얼마나 더 잘하겠냐는 말을 부디 자식들에게 하지 않길 바란다. 아이는 자신의 지능을 증명하기 위해서 더 공부를 하지 않게 될 것이다. 열심히 했는데 성적이 안 나오면 나의 머리도 부정당할 것이기 때문이다. 실제로 이런 사례를 상담에서 자주 접한다. 이처럼 타고난 것들에 대해 지나치게 찬사나 강화를 하는 경우, 자녀들은 이것을 잃으면 자신이 부정당할 것이라는 두려움에 스스로를 망치기도 한다.

잠깐 샛길로 빠졌다. 다시 자존감으로 돌아오겠다. 자존감이 높은 사람은 자신을 긍정적으로 지각하기 때문에 타인의 평가와 판단에 크게 상처받지 않고 휘청이지 않을 수 있다. 반대로, 자존감이 낮은 사람은 타인의 이야기라는 외부 자극에 쉽게 휘둘리면서 타인의 말과 행동에 과민반응을 하게 된다. 그 결과 타인의 눈치를 과하게 보게 되고, 결과적으로 관계에서 자연스럽게 행동하기가 어려워진다.

자존감은 스스로를 소중히 여기고 존중하는 마음이다. 즉 객관적인 스펙, 타인의 인정을 떠나 내 안에서 진정으로 나를 존중하고 충분하다고 여기는 시선이 있다는 뜻이다. 집안 좋고 학벌 좋고 직업 좋으면 자존감이 높을 것 같은가? 그렇진 않다. 재벌의 자제, 성공한 사람, 외적으로 뛰어난 사람들조차 유년기의 상처가 많고 그 상처를 소화하지 못하면 마음은 가난하다. 자신에게 주어진 것에 감사하는 방법을 몰라 더 잘나가는 타인과 비교하며 시기, 질투하기도 한다. 하지만 겉 포장지만 보는 지인들은 그 화려한 포장지 속 척박한 마음을 알 길이 없다. 주변 사람들은 그들의 외적으로 갖춰진 조건만 보고 부러워 한다. 친구에게 고민 상담을 슬쩍 해봐도 '배가 불렀구나.'라는 반응이 돌아온다. 그들은 낮은 자존감으로 끙끙 앓으면서 자신 조차 그 이유를 납득하기 어려워 한다.

그렇다면 아무것도 해놓은 것이 없어도 자신을 소중히 여기고 존중하면 자존감이 높을까? 이번에도 답은 '아니오'로 하겠다. 왜냐하면, 하나씩 성취해 나가는 과정 안에서 자신을 존중하는 마음이 쌓이기 때문이다. 그래서 스스로가 납득하고 인정할 수 있도록 성실히 살아가는 게 중요하다. 자존감은 그렇게 허무맹랑한 게 아니다. 아무것도 안 하며 몇 년이 흘러가고 있는데, '나는 내가 참 만족스러워.'라고 말할 수는 없다. 자존감은 1인분을 해내는 것에서 시작된다. 내 밥벌이를 하고 자신을 챙기며, 남에게 피해를 주지 않는 최소한의 기본을 해내야 한다. 그래서 상담에서 우리 1인분은 해내자고 이야기한다. 자존감은 이렇게 현실에 기반한다. 현실에 기반하지 않은 부풀려진 자존감은 허상이며, 깊은 내면에는 열등감과 낮은 자존감이 자리한다.

아무리 관계 기술을 학원에서 배우고 연습했다 한들 내 안에 열등감이 가득하고 자기애적 손상이 크다면 그 기술이 발휘될 수 있을까? 관계 초반에야 화려하게 기술을 펼치며 관계를 잘하는 사람인 척할 수 있다. 하지만 가면을 계속 쓰고 있을 수는 없다. 관계는 마음을 주고받으며 깊어진다. 내 안이 텅 비었는데 어떻게 누군가와 깊이 주고받을 수 있겠는가.

결국 본질이 우선한다. 기술보다는 본질을 강화하는 것부터 시작하자. 불안을 낮추는 기술, 사람을 대하는 기술을 배우고 싶어 상담에 왔는데, 관련 없는 유년기 이야기, 자존감 이야기를 왜 해야 하는지 답답해하는 사람들도 있을 것이다. 본질이 우선하기 때문이다. 마음의 중심이 잡혀있지 않고서는 어떤 기술도 무용지물이다. 따라서 마음이 폐허라면 기술이고 뭐고 마음의 집을 다시 짓는 데 집중할 수밖에 없다.

"자기 혐오가 우위를 차지하면 사랑의 보답을 받게 된 사람은 사랑하는 사람이 자신에게 잘 맞지 않는다고 말할 것이다. 그러나 자기 사랑이 우위를 차지하면, 사랑이 보답받게 된 것은 사랑하는 사람이 수준이 낮다는 증거가 아니라, 자신이 사랑받을 만한 존재가 되었다는 증거임을 인정하게 될 것이다."[25]

나를 사랑할 수 있어야, 나에게 오는 사랑도 귀하게 받을 수 있다. 나를 혐오하고 미워하는 마음이 크면 누군가가 다가와도 그 사람이 못나 보인다. 상대의 부정적인 면만 눈에 띈다. 별로인 나를 사랑하는 상대가 괜찮은 사람일 리 없다는 무의식적 사고가 작용하기 때문이다. 결국 그 소중한 대상은 흘려보내고 나와 비슷하게 스스로를 혐오하는 대상을 만나 힘든 연애를 시작한다. 정말 무서운 이야기이지 않은가?

자존감 기르는 소소하지만 유효한 방법

1. 나에게 편지 써보기

나에게 편지를 써보세요. 편지는 내가 나의 부모가 되어, 나를 지지하고 응원하고 돌보는 형식으로 작성하는 것이 좋습니다. 사랑하는 사람에게 진심을 전했을 때처럼 마음을 다해 글을 써보세요. 타인에게는 사랑이 담긴 말을 써준 적이 있겠지요. 나에게는 그동안 그러지 못한 건 아닌지…. 정성스레 작성한 편지가 완성되면, 소리내어 나에게 읽어주길 바랍

---

25) 알랭 드 보통, 《왜 나는 너를 사랑하는가》, 정영목(역), 청미래, 2012, 71p.

니다. 방해받지 않는 고요한 시간을 마련해보세요. 중요한 문장은 거울을 보고 눈을 마주하면서 읽어보세요. 많은 사람들이 거울 속 자기와 눈을 맞추며 따뜻한 말을 건넬 때 불편해하기도 하고 눈물을 흘리기도 합니다. 너무나 낯설어하는 자신을 보며 그동안 얼마나 스스로에게 가혹했는지를 발견할 수 있거든요. 내면의 날카로운 눈은 나를 끊임없이 채찍질하며 부족하다고 말했을 거예요. 나의 자존감을 갉는 도둑이지요. 아, 물론 이 날카로운 눈의 역할도 분명히 있어요. 지금까지 내가 삶을 열심히 살아가도록, 성장하도록 도와준 내면의 감시자이지요. 그러나 이제는 이 시선의 균형을 맞추어야 해요. 나를 돌보는, 따뜻한 시선의 크기를 더 키울 필요가 있어요. 다양한 감정을 느껴도 괜찮다고, 가끔은 그냥 쉬어도 괜찮다고, 충분히 잘하고 있다고 다독일 그런 따뜻한 시선이요.

2. 마무리는 긍정적으로 하기

비관적이거나 부정적인 생각으로 가득한 날이 있습니다. 마음에 슬픔과 분노와 설움이 가득한 순간도요. 그럴 수 있어요. 어떻게 삶이 하루하루 밝고 빛나고 행복하기만 할까요. 어둠이 있어야 빛이 더 선명하게 빛나는 것처럼 어둠의 시간 또한 우리에게 꼭 필요한 시간입니다. 슬픈 감정이 들면 충분히 슬픔에 머물러도 좋아요. 화가 나면 충분히 화를 느껴봐도 좋고요. 다만 감정을 충분히 느낀 후 마무리를 긍정적으로 해보면 좋겠어요. 아주아주 조금이라도 좋아요. 충분히 울고 난 뒤에는 '아, 그래도 충분히 울고 나니 마음이 좀 시원하네.'라는 생각을 해볼 수도 있겠죠. 나를 너무 괴롭히는 상사에 대해 온종일 분노하다가도 자기 전에는 '좋았어. 이 분노를 나를 성장시키는 동력으로 삼아보자. 이 경험이 고통스럽긴 하지만, 터닝 포인트가 되어줄 거야.'라고 마무리를 해보는 거죠. 이렇게 슬픔에서도 나름의 의미를 찾아서 부여할 수 있답니다. 그렇다면 그 시간들이 고통으로만 가득한 시간이 아닌, 나를 성장시키고 나를 일깨워준 소중한 경험으로 내 안에 저장될 수 있어요. 더 나아가 우울하고 슬픈 기간을 단축하는 데에도 도움이 될 거예요. 상담에서도 마찬가지입니다. 50분 내내 힘든 이야기를 쏟아내고 원망하다가도 마무리 단계에서는 그 경험을 의미화하는 작업을 하거든요. 단순히 감정적으로 카타르시스만 느끼는 것이 아니라, 그 경험을 언어로 정리하고 의미화하면서 새로운 이야기로 재구성하는 거지요. 어렵게 느껴지겠지만 의식적으로 마무리를 긍정적으로 해보려 노력한다면 분명히 도움이 될 거예요.

3. 하루에 작은 목표 2가지 세워 성취하기

어떤 이는 자존감을 근자감과 비슷하다고 말합니다. 근거 없이 높은 자신감이 자존감을 뜻한다는 것입니다. 처음에는 이 말에 공감했는데, 곰곰이 생각해 볼수록 자존감은 근자감과는 다른 개념이라는 생각이 듭니다. 왜냐면 자존감은 허상이 아니기 때문입니다. 자존감은 현실에 든든히 기반을 둔 마음입니다. 내가 충분하다는 느낌이 들려면, 깊은 내면에서 스스로를 인정할 수 있어야 합니다. 근거 없는 낙천주의랑은 다른 개념이지요. 예를 들어, 부모님께 용돈을 받으며 10년 이상 백수 생활을 하고 있는 사람이 있다고 가정해보겠습니다. '그럼에도 나는 충분히 나를 사랑해.'라고 이야기할 수 있을 거예요. 이런 경우, 자존감이 높다고 이야기할 수 있을까요? 저는 동의하지 않습니다. 마음속 깊은 곳에서는 부모님에게 의존하는 자기 자신에 대한 속상함, 좌절감이 존재할 수밖에 없으니까요. 따라서 자존감은 근거가 있어야 합니다. 그런데 이 근거가 객관적 성취 수준을 의미하진 않습니다. 물론 어느 정도 상관이 있긴 합니다만, 성취의 정도가 곧 자존감의 크기를 결정하지는 않습니다.

생에 전념하고 있는 자신에 대해 인정하는 마음이 자존감에 더 가깝습니다. '최선을 다해 나답게 하루하루 살아내고 있구나. 오늘도 고생했다.'라는 마음이 스스로 드시나요? 그렇다면, 자존감이 높을 겁니다. 내 스스로 나를 인정할 수 있기 때문이죠. 따라서 하루에 작은 목표 2가지를 세우고 성취해보는 것을 제안합니다. 아주 작은 것이라도 괜찮아요. 단, 그 일이 나에게 의미가 있어야 합니다. 예를 들어 자신을 잘 돌보는 것에 가치를 두고 있다면, '아침에 일어나서 스트레칭 5분 하기'와 같은 목표를 세우고 성취해볼 수 있습니다. 경제적 안정을 통한 마음의 안정을 추구한다면, 하루 끝에 가계부를 작성하는 것을 목표로 삼고 성취하면 스스로를 격려해주는 거지요. 그러다 보면, 나의 욕구와 맞닿아 있는 작은 일들을 하루하루 해내는 나에 대한 뿌듯함과 존중하는 마음이 생길 거예요. 자존감은 그렇게 현실 속에서 조금씩 단단해지는 것입니다.

4. 관계를 위한 노력하기

인간은 사회적 동물입니다. 모든 사람과 잘 지내는 사교적인 사람이 될 필요는 없지만 3~5명의 믿을 수 있는 대상이 필요합니다. 스트레스 상황에서 내편이 되어줄 사람이 존재한다고 확신할수록 우리는 힘차게 살아갈 수 있습니다. 나의 안전기지가 되어 줄 대상은 부모가 될 수도, 연인이 될 수도, 배우자가 될 수도 있습니다. 친한 친구일 수도 있고요. 세상에서 마주하는 거친 바람 속에서 우리는 피난처가 필요합니다. 피난처(관계)가 있다고 확신할 때 우리는 긴장과 불안한 마음을 내려놓고 편안해질 수 있지요. 잠깐 친구에게 기대 쉬고 나면, 상사에게 지적받으며 깎였던 마음들이 다시금 올라올 거예요. 그렇게 주요 관계들은 나의 자존감을 지켜주는 역할을 합니다.

관계를 위한 노력을 하세요. 관계를 위한 노력이 남 좋은 일이라 생각할 필요가 없다는 겁니다. 관계는 고정되어 있는 것이 아니라, 생명력이 있어 계속 변화합니다. 내가 어떻게 물을 주고 볕을 쬐어주냐에 따라 관계라는 나무가 쑥쑥 자랍니다. 그대로 방치하면 바짝 말라 시름시름 앓게 될 거예요. 습관이 들지 않아, 먼저 친구에게 연락하지 않는 사람들이 있습니다. 또는 '내가 먼저 연락했다가 거절당하면 어쩌지?' 하는 마음에 상대방이 먼저 연락해주길 기다리는 경우도 있고요. 매번 먼저 연락하는 것을 좋아하는 사람은 없겠지요? '○○이 뭐하고 지내나?'라는 궁금증이 들 때, 망설이지 말고 "잘 지내~? 근처 지나다가 생각나서 연락해본다."라고 연락을 먼저 해보세요. 또는 친구를 만나는 날 작은 선물을 준비해서 전달해볼 수도 있겠죠. 관계에 물을 주기 위한 나만의 방법들을 노트에 적어보고 한 달에 하나씩 실행해보길 바랄게요.

6.3

감정조절력 기르기

　감정조절을 '감정을 억제하는 것'으로 오해하는 사람들이 꽤 있는 것 같다. 감정조절은 감정회피나 감정억제와는 다르다. 오히려 감정조절을 잘하기 위해서는 감정을 충분히 느끼고 인지할 수 있어야 한다. 감정조절력은 감정을 적절히 다루며 그 감정이 후회될 행동으로 표출되지 않도록 조절할 수 있는 힘이다. 감정이 태도가 되지 않도록 말이다.
　감정이 조절되지 않을 때를 상상해보자. 불안이나 분노, 우울과 같은 감정이 자신을 압도하면, 신체 반응이 따라오게 된다. 몸이 덜덜 떨릴 것이고 심장이 뛸 것이다. 이러한 강렬한 신체 반응을 감지한 뇌는 현 상황이 생존에 위협이 되는 상황이라고 판단한다. 오판하는 것이다. 위기 상황에서는 이성적 스위치를 끄고 빠르고 반사적인 반응을 해야 생존에 유리해진다. 이때 뇌의 이성적 사고를 담당하는 전두엽과 감정을 다루는 변연계 간의 연결이 끊어진다. 전두엽은 제 기능을 발휘하지 못하고, 변연계가 과잉 반응하며 좁은 시야로 문제를 대응한다. 결과적으로 감정의 홍수에 빠졌을 때 우리는 생존을 위해 회피하거나 비난하는 대화를 하게 된다.

따라서, 감정조절력을 기르기 위해 이성적으로 판단하고 감정을 조절하는 기능을 담당하는 전두엽의 기능을 강화해야 한다. 신체 감각을 활용해 감정을 알아차리고, 감정을 명명하는 연습을 지속적으로 반복하면 전두엽의 기능이 강화되고, 감정을 조절할 수 있는 힘이 생길 것이다.

감정을 조절하려면 먼저 감정을 인식할 수 있어야 한다. 감정을 알아차려야 조절을 할 수 있다. 그러나 많은 사람들이 자신의 감정을 알아차리기 어려워한다. 상담에서 "지금 어떤 감정이 드나요?"라는 질문을 하면, 대부분 당황해한다. "지금 감정이요? 아무 감정 안 드는데요.", "모르겠어요."라는 대답이 흔하다. 생각해보면 나도 처음 상담을 받을 때 매우 당황했던 기억이 있다. 감정을 나눈다는 게 뭔가 부끄럽기도 하고 어떤 감정인지 정확히 명명할 수도 없어 갑자기 백지상태가 된 기분이었다. 내 감정인데도 어떤 감정인지를 몰라 혼란스럽고 탁 막히는 기분이란…. 어려운 질문을 교사에게 받은 학생처럼 굉장히 당황스럽고 부끄러웠다. 우리 대부분은 감정이 이야기되는 가정에서 성장하지 않았다. 따라서 감정 인식은 우리의 예상만큼 쉽지 않다.

감정을 인식하기 위해서는 나의 몸과 친숙해져야 한다. 우리가 감정을 느낄 때 몸은 반응한다. 신체 감각에 주의를 기울이면, 내 감정을 빠르게 알아차릴 수 있다. 예를 들어, '심장이 빠르게 뛰네. 아빠의 말을 들었을 때 어떤 감정을 느꼈지?'라고 스스로 질문하여 신체 반응과 감정을 연결해 볼 수 있다.

감정을 인식했다면, 이제 그 감정에 이름 붙이는 과정이 필요하다. 감정을 명명하는 것만으로도 감정은 상당히 조절된다. 예를 들어, "사무치게 외로워요."라고 표현하는 순간, 막연했던 감정이 구체화되고 그 감정을 조율할 수 있는 힘이 생긴다. 이를 연습하기 위해 감정 단어 목록을 활용하길 추천한다. 감정이 복잡하게 느껴질 때 감정 단어 목록을 보면서 지금 내 감정을 가장 잘 설명하고 있는 단어 3개를 골라보고 그 단어들을 입으로 뱉어보자. 이 연습을 꾸준히 하다 보면 감정을 명명하는 능력이 높아질 것이다.

감정을 조절하는 방식은 애착 유형에 따라 다르게 나타

난다. 회피형은 감정을 억누르고 차단하려는 경향이 있다. 감정을 느끼기보다 무시하거나 밀어내려고 한다. 그 결과, 감정이 나도 모르게 쌓여 한 번에 터져버리는 경우가 많다. 또는 자신이 뭘 원하는지를 알 수 없게 되어 생기 없는 삶을 살게 된다.

**감정은 나의 중요한 욕구가 충족되었는지,
미충족되었는지 알려주는 신호다.**

욕구가 충족됨	욕구가 충족되지 않음
기쁨, 편안, 짜릿함	슬픔, 분노, 불안

반면 불안형은 부정적 정서를 강하게 느끼어 정서에 압도된다. 이로 인해 감정과 거리를 두고 명확히 인식하는 데 어려움을 겪는다. 감정을 느끼지만, 덩어리째 느낀다. 명확하게 어떤 정서인지를 분간하기 어려운 상태에서 정서에 먹히는 꼴이다. 따라서 두 유형 모두 감정 조절을 위해 감정을 인식하고 명명하는 연습을 해야 한다.

감정을 인식하고 조절함

감정에 압도됨

참고: 감정단어 목록

기쁨	두려움	불쾌	분노	슬픔
감동적이다	걱정스럽다	곤란하다	괘씸하다	괴롭다
기쁘다	긴장하다	관심없다	나쁘다	그립다
재미있다	깜짝 놀라다	귀찮다	답답하다	미안하다
사랑스럽다	당황하다	부담스럽다	못마땅하다	불쌍하다
행복하다	두렵다	부럽다	밉다	비참하다
자랑스럽다	막막하다	불쾌하다	약오르다	서럽다
감사하다	망설이다	불편하다	어이없다	서운하다
신난다	무섭다	싫다	억울하다	섭섭하다
기대된다	부끄럽다	어색하다	원망스럽다	속상하다
편안하다	불안하다	지루하다	지긋지긋하다	슬프다
뿌듯하다	심란하다	지치다	짜증나다	실망스럽다
만족스럽다	조마조마하다	찜찜하다	화나다	아쉽다
흥미롭다	주눅들다	피곤하다	격분하다	안타깝다
설레다	혼란스럽다	황당하다	성질나다	외롭다
용기있다	초조하다	답답하다	거슬리다	우울하다
열정적이다	불길하다	피곤하다	분하다	절망스럽다
홀가분하다	섬뜩하다	냉담하다		허전하다
여유롭다	위축되다	언짢다		후회스럽다
든든하다				힘들다
놀랍다				공허하다
감탄하다				
다행스럽다				
상쾌하다				
자신있다				
통쾌하다				
활기차다				

건강한 관계를 위한 전제 조건

6.4

정신화 능력 기르기

정신화(mentalization)[26]라는 중요한 마음의 능력을 소개하고자 한다. 생소한 개념일 수 있지만, 최근 많은 치료자들이 주목하고 있는 심리학적 개념이다. 정신화는 자신이나 타인의 행동 이면에 있는 마음(감정, 생각 등)을 이해하고 해석하는 능력이다. 좀 더 설명해보겠다.

팀장이 내가 작성한 보고서에 대해 "기대 이하다."라고 평가하는 상황을 상상해보자. 정신화 능력이 낮은 경우에는

---

[26] Fonagy, P. (1991). Thinking about thinking: Some clinical and theoretical considerations in the treatment of a borderline patient. International Journal of psychoanalysis, 72(4), 639-656.

'팀장이 나를 싫어하는 것이 틀림없어.'라고 극단적 해석을 하거나, '나는 아무리 노력해도 안 돼.'라며 자기 비난에 빠지게 된다.

반면, 정신화 능력이 높은 경우에는 같은 상황을 다르게 받아들인다. '팀장이 보고서를 기대 이하라고 평가했지만, 나를 싫어해서 그런 건 아닐 거야. 나도 이 보고서에서 부족했던 부분을 알고 있으니, 다음에는 더 보완해보자.'라며 팀장의 행동에 대해 다양한 가능성을 열어두고 반응한다.

'상대가 날 괴롭히고 이용하려고 했다'는 생각만 하면, 그 사람을 용서하기 어렵다. 1년이 지나고 5년이 지나도 그 기억이 마음에 남아 고통스럽다. 그러나 정신화 능력이 높아, '그 사람의 마음이 참 아팠구나. 마음의 병이 있었던 사람이었구나.' 하고 여러 가지 다른 관점에서 그 사람의 의도를 이해하게 되면, 그 사람에 대한 증오 감정에서 벗어날 수 있다. 경험과 반응 사이의 공간이 생기기 때문에, 갑작스러운 분노 폭발이나 후회할 행동들이 줄어들게 된다. 따라서 정신화 능력은 감정적 반응에 휘둘리지 않고 건강하게 관계를 형성하고 유지하는데 필수적인 마음의 힘이다.

정신화 능력 향상을 위한 방법을 소개한다. 먼저 자신이 경험한 감정에 대해 정교화하여 설명해보는 연습을 해보자. 어떤 상황에서 왜 그런 감정을 느꼈는지 구체적으로 표현해

보는 것이다.

> "친구가 여행 일정을 전부 자기 뜻대로만 짜서,
> 정말 화가 났어!"
> → 친구가 여행에서 자기 마음대로만
> 스케줄을 짜려고 해서 화가 났어.
> 왜 이번 여행에서 특히 화가 났는지 곰곰이 생각해보니,
> 친구가 예전에도 자신이 원하는 대로 하려는 부분이
> 있었는데, 그때부터 조금씩 쌓여왔던 게 누적된 것 같아.
> 친구가 내 의견을 존중하지 않는다는 느낌이 들어서
> 서운하고 상처가 됐나봐.

정신화 능력 높이기: 감정 정교화 연습

이러한 과정을 통해, 친구의 특정 행동에 왜 그토록 화가 났었는지 자기 감정을 깊이 이해할 수 있게 된다.

정신화 능력을 높이기 위한 두 번째 방법은 타인의 행동을 다른 관점으로 이해해보는 것이다. 의식적으로 연습을 해보면 좋겠다. 예를 들어 '친구가 날 무시해서, 스케줄을 자기 마음대로 짠 거야!'라는 해석에서 벗어날 수 없다고 느껴져도 다른 관점으로 상상해보자. '그 이유 외에 다른 이유는 없을까?' 하고 말이다. '친구는 원래 자기 주관이 강하니까 별 뜻 없이 그렇게 스케줄을 고집했을 수 있어. 내가 그전에도 불만을 제기하지 않았기 때문에 친구 입장에서는 나름

대로 배려라고 생각했을 수도 있어.' 이처럼 한 사건에 대해 다양한 해석을 떠올릴 수 있게 될 때 우리의 정신화 능력은 향상된다.

정신화 능력이 향상되면, 우리는 감정에 휘둘리지 않고 경험과 반응 사이에 여유를 가질 수 있다. 이 능력은 단순히 감정적 고통을 줄이는 데 그치지 않는다. 자신과 타인의 마음을 이해하고 복잡한 상황에서도 다양한 관점을 고려할 수 있는 힘을 제공한다. 이를 통해 우리는 관계에서 오는 상처를 줄이고 서로에게 더 진솔하고 따뜻하게 다가갈 수 있게 된다.

CHAPTER 07

사랑의

태도

나도 도파민 사랑형? 사랑의 개념 재정립하기

"최초의 꿈틀거림은 필연적으로 무지에 근거할 수밖에 없다."[27]

우리는 사랑을 단지 열정적 사랑의 틀 안에서 바라보곤 한다. 그러다 보니, 호르몬이 반응했던 뜨거운 시절이 지나가면 사랑이 끝났다고 판단하고 이별의 절차를 밟는다. 기독교에서는 믿음, 사랑, 소망 중에 사랑이 제일이라고 이야기한다. 사랑이 단순한 호르몬 작용이라면 그것이 인간 삶에서 이토록 중요한 위치를 차지할 수 있을까?

처음 사랑에 빠질 때 도파민[28]이라는 호르몬이 분비된다. 그 결과, 연애 초기 우리는 굉장한 짜릿함, 설렘, 기대감에 사로잡힌다. 이 시기에는 서로에 대한 장점만 보이고, 함께라면 모든 것이 완벽할 것처럼 느껴진다. 콩깍지라고 표현되는 강렬한 열정의 시기는 보통 1년에서 2년 정도 지속된다. 이 시기가 도파민의 원리가 지배하는 사랑의 기간이라 볼 수 있다. 시간이 지나면서 도파민 분비가 줄어들고, 상대방의 단점들이 하나씩 보이기 시작한다. 만남도 시들시

---
27) 알랭 드 보통
28) 욕망, 쾌락에 영향을 미치는 신경전달물질

들하게 느껴지고 다른 매력적인 사람이 눈에 들어오기도 한다. 그 순간 많은 사람들이 사랑이 끝났다고 판단하여 이별을 택하고 다시금 자신을 불타게 해줄 사랑을 찾아 떠난다.

하지만 모든 사랑이 여기서 끝나는 것은 아니다. 도파민의 시기가 지나고도 관계를 이어가는 사람들은 사랑의 또 다른 모습을 경험하게 된다. 이들은 신뢰와 안정감을 주는 옥시토신이라는 호르몬의 영향을 받으며 새로운 단계의 사랑으로 넘어간다. 이 시기에는 서로의 삶을 공유하며 편안함과 안정감을 느낀다. 콩깍지가 벗겨진 후에도 서로의 부족함을 받아들이고 그것마저 사랑하며 함께 할 수 있는 상태다.

장기 연애를 할 수 있는 사람은 사랑의 다양한 변주를 받아들일 수 있는 사람이다. 친밀감과 따뜻한 관계의 가치를 알고 있는 사람이다. '난 불타는 사랑이 좋은걸요!'라고 얘기할 수 있다. 물론 나도 좋다. 드라마를 보거나 연애 프로그램을 보며 두근거리는 건 나도 똑같다. 그렇지만 영원히 1~2년짜리 사랑만 반복할 수는 없지 않은가? 가슴 뛰는 사랑만 반복하는 사람도 어느 시점이 넘어가면 외로움과 공허함을 토로한다. 가슴 뛰는 건 한순간이라는 걸 알아서다. '얘는 달라! 이 사랑은 달라!'라고 생각했지만 '그놈이 그놈이군!'으로 끝나는 이 사랑의 무한궤도를 반복할 건지, 나를 한 단계 성장시키는 사랑으로 나아갈 것인지는 여러분의 선택이다.

물론 뜨거운 사랑만 하겠다는 사람도 존중한다. 다만 자신이 하는 사랑의 방식을 인정하고 같은 사랑의 모양을 추구하는 사람들과 사랑을 하는 것이 좋다. 다양한 사람들과 뜨거운 사랑을 즐기며 일생을 누리면 된다. 자신을 정확히 알고 그에 맞게 행동한다면 문제는 없다. 아무도 자유로운 사랑이라는 당신의 선택에 돌을 던지지 않는다. 존중한다! 문제는 자기 자신을 잘 알지 못하고 두 마리 토끼를 잡으려다 모두에게 큰 상처를 주는 경우다. 예를 들어, 안정된 사랑을 추구한다면서 실제로는 강렬한 열정을 갈망하는 경우 자신뿐만 아니라 배우자, 자녀, 시댁, 친정, 외도한 상대의 가정 등 많은 사람에게 피해를 주게 된다. 꼭 자신이 어떤 사랑을 하고 싶은 사람인지 깊이 고민해보는 과정이 필요하다.

사랑의 모양은 변화하며 시기에 따라 다양한 색채, 농도를 가진다. 생각해보자. 10년이 지나도, 서로만 보면 불타오르는 열정적인 사랑만 지속된다면 어찌 되겠는가? 의처증, 의부증에 걸린 사람처럼 서로에게 몰입하고 집착하여 파국을 맞을 수 있다. 밤새도록 사랑을 나누고 대화하다가 수면 부족으로 업무에 지장이 생길 것이다. 모든 에너지를 열정적 사랑에 쏟아부었기에 자녀를 양육하기도 쉽지 않을 것이다. 이처럼 도파민형 사랑의 지속은 자연의 섭리에도 맞지 않는다.

건강하고 성숙한, 그리고 제대로 된 사랑을 하기 위해 사랑의 개념부터 재정립할 필요가 있다. 사랑은 알아서 이뤄지는 것이 아니다. 사랑도 배워야 한다. 배울수록 더 잘할 수 있고 건강하게 할 수 있는 게 사랑이다. 사랑이 대체 무엇인지 좀 더 이야기를 나눠보자.

역사의 조우

앞서 애착 유형에 대한 글을 읽으며, 사랑이 왜 이리 어려운지 조금은 이해가 되었을 것이다. 사랑을 한다는 건 단순히 28세의 남자친구를 만나는 일이 아니다. 그것은 남자친구의 모든 역사를 만나는 일이다. 그의 엄마를, 또 그 엄마와 관계했던 조모의 흔적까지 마주하는 일이다. 그 모든 경험들이 남자친구에게 깃들어 있으므로.

즉, 사랑을 잘하려면 열정적 사랑의 개념을 넘어서야 한다. 사랑은 단순한 설렘을 넘어, 연인의 역사 속 결핍과 갈망을 이해하고 품으려는 시도이기 때문이다. 예를 들어, 상대가 나에게 격렬하게 화를 낼 때 반사적으로 방어하지 않고 잠시 멈추어 생각해보자. 무엇이 그토록 저 사람을 화가 나게 만들었을까? 어떤 부분이 건드려졌을까? 가만히 들여다보면 그의 결핍과 미충족된 욕구가 느껴질 것이다. 그 부분을 잘 도닥여준다면 상대방의 화가 금세 가라앉을 것이다. 그리고 스스로 사과할지도 모른다. 그렇게 화낼 일이 아니었는데 미안하다고 말이다. 어쩌면 사랑은 서로의 유년기 상처를 마주하고 품는 과정이기 때문에, 28세 남자친구라는 겉모습 안에 울고 있는 3살 아이까지도 바라봐야 하는 일이다. 사랑은 이렇게 깊고 크고 어려운 일이다. 사랑을 통해 우리는 단지 상대방의 결핍만 마주하는 것이 아니다. 나의 결핍 또한 사랑을 통해 마주해야 할 것이다. 아주 극렬하게. 사랑은 힘들지만, 나를 마주하게 하고 성장하게 하는 매우 중요한 과정이다.

사랑의 바다에 뛰어들기

사랑에 대한 오해를 불러일으키는 대표적인 문장이 있다. '사랑에 빠졌어.'

사람들은 사랑이 나도 모르게 찾아온 것처럼 이야기한다. 최초의 호르몬의 반응, 성적 이끌림이라는 사랑의 요소를 사랑의 전부라 착각한다. 그러나 사랑은 그런 수동적인 상태가 아니다. 사랑은 나도 모르게 빠져드는 것이 아니라, 의지적이고 주체적인 선택이다. '당신을 사랑하겠습니다.'라고 선언하고 사랑의 바다에 풍덩 빠져들어야 한다.

결혼생활을 하면서도 사랑하지 않는 관계가 있다. 서로 '네가 잘했니, 내가 잘했니.' 끊임없이 싸우고 상처받을까 마음을 닫는다. 마치 바다가 두렵다고 발만 살짝 담그고 있는 상태와 같다. 바다에 푹 빠져있는 상태도 아니고 그렇다고 땅을 딛고 있지도 않은 애매모호한 그런 사랑은 멋이 없다. 이도 저도 아닌, 엄밀히 따지면 사랑도 아닌 그런 것을 하느라 시간을 낭비하지 말자. 상대방이 나한테 얼마나 잘하는지, 나를 얼마나 사랑하는지를 계산하고 그에 맞춰 사랑을 주고받으려는 거래식 사랑에서 벗어나보자

이렇게 생각해 보면 어떨까.

> "내가 사랑을 할 거야. 힘들지도 몰라. 상처받겠지. 끝이 올 수도 있어. 그럼에도 불구하고 이 관계에 전념할래. 이 관계에 던져볼래."

사랑이라는 바다에 풍덩 뛰어들어라. 사랑은 전념하는 행위이다. 위험을 감수하고 온몸으로 사랑을 경험하기를 선택해야 한다. 이렇게 사랑하면 헤어지게 되더라도 내 인생의 빛났던 한 페이지를 만들 수 있다. 누군가를 진심으로 사랑했던 경험을 통해 한층 성장한 자신도 발견할 수 있을 것

이다.

믿음을 선언하다

그 사람이 연락이 되지 않을때, 불쑥 이런 생각이 들 수 있다. '잔다고 하고 나가서 딴짓하는 거 아니야? 이태원에 놀러 간 거 아니야?' 또는 이런 마음이 들기도 한다. '전 여친을 아직 못 잊었나? 인스타 염탐하고 있는 거 아냐?' 몰래 연인의 폰을 열어, 검색 기록, 통화 내역, 톡, DM 등을 탈탈 턴다. 이렇게 상대방을 믿지 못하는 경우, 의심에서 비롯된 다툼이 자주 발생한다. 의심받는 상대방도 통제당하는 답답함과 억울함을 느끼기 때문에 관계에 회의감을 갖게 된다. 이렇게 반문할 수 있다. "아니, 믿을 행동을 해야 믿죠!"

나는 '현재(언제라도 생길 수 있음)' 종교가 없다. 친할머니가 하나님을 믿으셨기에, 유년 시절부터 십여 년간 교회를 다녔다. 그때 나는 도저히 성경 내용을 믿을 수가 없었다. 그래서 하루는 목사님께 물었다. 어떻게 이 성경 내용을 믿을 수 있냐고. 목사님은 '그냥 믿는 거다.'라고 말씀해주셨지만, 그 말에 설득이 되지 않았다. 하지만 돌아보니, 그 말이 맞았다.

믿음은 그냥 믿는 거다.

내가 믿기를 선언하는 거다.

모든 증거를 다 확보한 다음에 무언가를 믿는다는 게, 진정한 믿음일까? 연애도 사랑도 마찬가지다. 내가 그 사람을 내 사람으로 선택한 이상, 그 사람을 믿기로 선언하고 만나는 것이다.

믿지 않을 거면 만날 이유가 없다. 믿음을 기반으로 사랑하길 바란다. 물론 상대방이 내 믿음을 저버릴 수도 있다. 그때는 헤어지면 된다. 내가 그 사람을 믿든 의심하든 일어날 일은 일어날 것이다. 반면, 내가 그 사람을 믿어주면, 나의 의심으로 괜한 싸움을 만들어 귀한 사람을 놓치지 않게 된다.

사랑은 생명체다

"너 변했어." 이 말을 한 번도 들어본 적 없거나 한 번도 뱉어본 적 없는 사람이 있을까? 우리는 사랑이 변하는 것에 대해 화내고 원망한다. 사랑이 변하지 않길 바라는 마음은 이해하지만, 사랑이 변했다고 화낼 일은 아니다. 사랑은 변하는 게 자연스럽다. 열정적인 사랑을 50~60년 퍼부을 수 있는 사람은 없다. 그렇게 사랑하다가는 사랑만 하다가 말라 죽을 것이다. 일, 비전, 자녀 양육, 사회생활 등 우리가 해야할 많은 일들을 해낼 수가 없다. 그 사람에게 온 신경을 집중하느라 모든 에너지가 고갈될 것이기 때문이다. 하지만 여전히 많은 사람들이 초기에 정열적인 사랑이 지속되기를 바라는 것 같다.

시간이 지나면서 열정적인 사랑은 친밀한 사랑으로 변한다. 서로의 깊은 내면을 품어주는 관계가 된다. 예전의 강렬한 느낌과 설렘은 없지만 가끔씩 설레기도 하고 그 사람과 함께 하는 시간이 은은하고 따뜻하게 느껴진다. 그런 사랑의 변화를 즐기길 바란다. 사랑이 식은 것이 아니라 사랑의 모양이 변한 것뿐이다.

게다가 사랑은 서로가 노력하는 만큼 쑥쑥 자라난다. 사랑의 총량은 고정되어 있지 않다. 얼마든지 사랑의 크기를 무한히 키울 수 있다. 내가 연인을 존중하고 상대를 생각하며 마음을 쓸수록 더 마음이 커진다.

좋아하는 사람에게 부탁을 해보라는 연애 조언이 있다. 상대가 부탁을 들어주면서 '내가 이 정도 행동도 감수하는 것을 보니, 내가 이 사람을 정말 중요하게 생각하나보다.'라는 생각을 하게 된다는 것이다. 이 연애 조언은 상대를 위하는 행동을 하면 마음이 커질 수 있다는 가정을 하고 있는데, 일리가 있다고 본다. 내가 그 사람을 위해서 마음을 쓰고 배려하고 소소한 선물, 편지를 주면서 내 마음이 커진다.

존경에서 시작되는 사랑

우리는 왜 가까운 사람에게 더 못되게 굴고, 함부로 대할까? 나를 걱정해주는 엄마에게도 짜증을 부리곤 한다. "아, 늦었는데 자꾸 물어봐. 밥 안 먹는다니까!" 소리치며 집을 나선 뒤, 왜 엄마에게 그렇게 짜증을 냈는지 후회하고 찜찜해한다. 이처럼 우리는 나에게 가장 소중한 사람인 연인, 친구, 가족에게 더 자주 짜증 부리고 자기중심적으로 행동하게 된다. 그 이유 중 하나는 그만큼 날 이해해 줄 대상이라는 믿음 때문이다. 그리고 인간이란 본래 한없이 미성숙한 존재이기에 매일 보는 대상의 소중함을 잊는 경우도 많다. 공기, 물처럼…. 그렇지만, 세상에서 가장 존중해야 할 대상은 바로 내 옆에 있는 사람들이다. 나에게 소중한 사람인 만큼 더 잘 대우해 줘야 한다. 나도 모르게 가까운 사람에게 함부로 대한다면, 친구나 회사 동료, 상사에게 할 수 있는 말과 행동인지 점검해 보자. 남에게도 안 할 행동을 놓치고 싶지 않은 귀한 인연에게 해서는 안 된다. 사랑하는 사람들을 대하는 태도가 곧 내 얼굴이고 나의 그릇이다.

나와 너의 균형찾기: 나, 너 그리고 우리

애착의 욕구 수용: 때로는 기대고 상대에게 곁을 내어주기
독립의 욕구 수용: 나의 세계를 구축하고 상대방의 세계를 지지하기

독립의 욕구 수용 –
애착의 욕구 무시

독립의 욕구 수용 –
애착의 욕구 수용

독립의 욕구 무시 –
애착의 욕구 수용

인간에게는 두 가지 주요한 욕구가 있다. 나의 자율성을 발휘하여 잠재력을 실현하고자 하는 욕구와 사랑하는 대상과 연결되고 친밀감을 느끼고자 하는 욕구다. 두 가지 욕구가 모두 중요하기 때문에, 삶에서 이 두 욕구를 적절하게 충족시켜 나가는 게 필요하다. 가장 건강하고 행복한 이는 자신과 타인의 독립 욕구와 애착 욕구를 모두 수용하는 사람이다. 반면, 독립의 욕구만을 수용하거나 애착 욕구만을 수용하는 경우는 충분히 (나에게도 상대방에게도) 만족스럽지 못한 삶을 살게 된다.

독립의 욕구만 중요시하는 경우, 잠재력 실현에는 몰두하지만 정작 소중한 사람들에게 곁을 내주지 않게 된다. 따지고 보면, 그렇게 열심히 일하는 이유도 내가 사랑하는 사람에게 경제적 안정과 행복을 주기 위해서인 경우도 많다.

문제는 이런 속마음은 자각하지 못한 채 애착 욕구가 자신에게 중요하지 않다고 여긴다는 것이다. 그 결과 주변 사람들은 점점 외로워지고 지치게 된다. 건강한 사람은, 내가 사랑하는 사람이 나를 필요로 할 때 곁을 내준다. "넌 왜 이렇게 나약하니, 더 독립적으로 살아야지! 의존하지마. 네 감정은 네가 처리해."라고 말하는 대신, "속상하구나. 내가 옆에 있어 줄게."라고 말할 수 있어야 한다. 그리고 나도 필요할 때 상대방에게 기댈 수 있어야 한다.

반대로 애착의 욕구만 중요시하는 경우, 소중한 이의 곁을 지키지만 정작 자신의 세계를 만들어가지 못한다. 상대방의 마음을 살피고 챙기느라 내가 어떤 사람이고 뭘 좋아하고 앞으로 어떻게 나의 세계를 적극적으로 만들어 나갈지 생각하지 못한다. 더불어 상대가 자신의 세계를 만들어 나가는 모습을 불안해하며, 충분한 시간을 자신에게 할애하지 못하는 것을 받아들이지 못한다. 건강한 사람은 나와 공유되지 않는 그 사람만의 사적 공간과 그 사람만의 세계를 존중한다. 존중을 넘어서 적극 지지한다. 상대가 자신의 비전을 실현해 나갈 수 있도록 돕는다.

건강한 관계는 서로를 성장시키는 관계이며, 동시에 기댈 수 있는 관계이다. 이 두 가지가 모두 균형 있게 충족되어야 비로소 관계는 건강하고 지속 가능해진다.

CHAPTER 08

관계

훈련

8.1

친해지기

공감대 형성이 아닌, 몰입하기

누군가와 친해지는 것을 어려워하는 사람들이 꽤 있다. 저 사람과 친해지고 싶은데, 어떻게 친해져야 할지 방법을 몰라 막막해한다. 용기를 내 이것저것 질문을 던져보지만 금세 어색한 침묵만 감돈다. 그러고는, '아, 저 사람이 날 너무 불편해하는 것 같아. 나랑 있는 시간을 재미없어 하는 것 같아. 못 만나겠어!'라며 도망친다. 사실은 내가 불편한건데 말이다.

사람 사귀기를 어려워하는 사람들이 주로 하는 말은 '공감대가 없어서 할 얘기가 없다는 것이다.' 이 말에 크게 동의하진 않는다. 그럼 나와 쌍둥이 같은 사람을 만나서 이야기해야만 한다. 또한, 시절에 따라 관심사가 계속 변경되기 때문에 이 논리대로라면 친했던 친구들과 멀어져야만 한다. 따라서 공감대에 너무 집착하지 말았으면 좋겠다. 관계라는 것은 기본적으로 내 세계가 확장되는 경험이다. 똑같은 사람만 만난다면 내 세계가 확장되고 성장하기 어렵다. 타인과 이야기를 나누면서 새로운 생각도 해보게 되고 다양한 분야를 접하게 되는 기쁨을 누려보길 바란다.

타인과 친해지기 위해서는 우선 나보다 그 사람에게 집중해야 한다. 우리는 자신이 상대방에게 어떻게 보이는지를 너무 자주 신경 쓰곤 한다. 자꾸 '아, 나 매력 없게 보였나? 말이 너무 많았나? 뭐 실수했나?' 같은 생각으로 자기에게 초점을 맞춘다. 그러다 보면, 내 앞에 앉아 있는 그 사람에게 몰입하지 못하게 된다.

그냥 화자에게 몰입해보자. '당신은 누구십니까?' 호기심을 가득 담은 눈으로 오늘 만날 사람을 대해보자. 생각했던 것보다 한 사람을 이해하기 위해서는 많은 시간들이 필요하다. 내가 알고 있는 부분은 그 사람의 겉 표면, 극히 일부일 뿐이다. 그런 마음으로 그 사람을 다시 바라보자. 너무나 신기한 생명체처럼 느껴지지 않는가? 지구에는 81억 명의 인구가 있다고 한다. 그 81억 명은 다 제각기 다른 마음과 생각을 가지고 있다. 이들 중 내 앞에 있는 단 한 명인 그 독특한 존재를 호기심으로 맞이해라. 그러면 대화 중 자연스럽게 상대에 대해 더 궁금한 부분들이 샘솟을 것이다. 그러다 보면 공감대가 형성되는 지점도 있을 것이고 그렇지 않더라도 재미있게 이야기가 흘러갈 것이다.

6 : 4 원칙

단 한 번의 만남만으로 친해지기란 어렵다. 시간의 축적이 필요하다. 그래서 우리는 친해지고 싶은 사람과 만남을 여러 차례 가지며 시간을 함께 보내게 된다. 이 과정에서 우리는 주로 대화를 통해 서로를 알아간다.

대화할 때, 자신의 이야기만 하는 유형이 있고 타인의 이야기만 듣는 유형이 있다. 자신의 이야기만 하는 경우 상대방은 '오늘 하고 싶은 이야기 하나도 못 했네.'라는 공허함을 느낄 수 있다. 반대로 타인의 이야기만 경청한 경우, 상대방은 '난 걔에 대해서 아는 게 뭐지? 걔는 나한테 마음을 잘 안 여는 것 같아. 벽이 느껴져.'라는 마음이 들 수 있다.

6:4 공식을 기억하자. 6번은 듣고 4번은 말하는 것이다. 너무 상대방의 이야기만 들었다고 느껴질 때쯤, 자기 개방을 조금씩 해보자. 자신이 하고 싶었던 이야기도 좋고 상대방의 이야기에 덧붙일 나의 경험이나 감정, 의견도 좋다. 반

대로 대화 중 공이 나에게 오래 머물러 있다는 느낌이 들면, "너는 어때?", "어떻게 생각해? 너도 이런 적 있니?"라는 질문을 통해 자연스럽게 대화의 공을 상대방에게 돌려주자.

말하기보다는 조금 더 듣는 것에 초점을 맞추는 것이 좋다. 누군가가 내 이야기를 온 마음으로 듣고 있을 때, 비로소 우리는 자기 자신이 될 수 있다. 그런 경험을 상대에게 선사해준다면, 그 자체로 의미있는 일일 것이다. 게다가 상대방은 대화를 통해 당신과 친해지고 싶은 마음이 더 커질 것이다.

경청

대화 중에 상대방의 말을 자주 끊는 사람들이 꽤 있다. 상대의 말을 끝까지 듣지 않고 빠르게 판단한 뒤 자신의 의견을 이야기한다. "아니, 그게 아니라~', "아니, 내 말은"과 같은 말머리로 상대방의 이야기를 중단시킨다. 또는, "맞아. 나도 그랬는데, 그때 말이야…."라며 상대방의 이야기를 뺏어서 자신의 이야기로 후루룩 끌고 들어간다. 상대방의 이야기에 머무르기를 어려워하는 이유는 무엇일까? 첫째, 경청을 상대방의 의견에 동의하거나 자신의 힘을 약화시키는 행동으로 착각하기 때문이다. 둘째, 상대의 말을 전심으로 듣지 않고 빠르게 판단하고 평가하기 때문이라 볼 수 있다.

셋째, 상대에게 별 관심이 없고 자신의 이야기를 하고 싶은 욕구가 더 크기 때문일 것이다. 더불어 '눈치'나 '사회성'이 충분히 발달되지 않아 공감받고 싶은 상대방의 마음을 잘 살피지 못하는 데 원인이 있다.

상대방이 말할 때 끊고 싶은 충동이 생겨도 끊지 말고 이야기를 끝까지 들어보는 연습을 하길 바란다. 내 마음을 내려놓고 온전히 상대방의 이야기에 집중해보는 것이다. 그렇게 하면 상대방은 대화를 통해, 하고 싶은 이야기를 온전히 전달했다는 후련한 느낌이 들 것이고, 받아들여졌다는 느낌이 들 것이다.

경청은 드러나야 한다. 내 마음속으로 경청하고 있다고 해도 그것이 전달되지 않으면 안 된다. 경청하고 있다는 것은 적절한 눈맞춤, 고개 끄덕거림, 앞으로 기울어진 자세 등으로 표현된다. 눈맞춤이 중요하다고 하니, 뚫어지게 상대방을 보는 경우가 있는데 적절한 눈맞춤인 것을 기억하자. 또한 적절하게 추임새를 넣어주는 것도 중요하다. '음, 응, 네~, 아이고, 저런' 같은 간단한 추임새를 중간중간 뱉어주어 상대방의 이야기를 격려해라. 단 모든 반응을 기계적으로 너무 많이 사용하면 오히려 화자가 말하는 데 방해가 된다. 정신이 사납게 느껴질 수 있고 영혼이 없다고 느껴질 수 있다. 내가 온 마음을 다해 상대방의 이야기를 듣고 있다면 이러한 비언어적, 언어적 반응은 자연스럽게 나올 것이다.

자기 개방

친밀해지기 위해서, 그리고 그 사람과 연결되기 위해서는 적절한 자기 개방이 필요하다. 자기를 너무 드러내 보이지 않으면 관계가 깊어지는데 한계가 발생한다. 한 사람만 자기 개방을 하게되면, 억울하다는 마음을 느낄 수 있다. 자신을 드러내는 행위는 상처받을까 봐 드렵지만 그럼에도 불구하고 당신을 믿겠다는 용기있는 행동이다. 그런데 혼자서 이런 용기를 내고 있다면 억울한 마음이 들지 않겠는가? 나의 마음의 크기와 상대방의 마음의 크기가 다르다고 여길 것이다. 우리는 자신의 취약한 지점을 드러낸 만큼 상대방도 자신의 약하고 내밀한 무언가를 드러내 보여주길 바란다. 자기 개방은 관계가 깊어지기 위한 필수 관문이다.

자기 개방은 다양한 형태로 존재한다. 내 깊은 내면의 이야기를 들려주는 자기 개방은 친밀도를 높인다. 단, 아직 신뢰가 쌓이지 않은 대상에게 모든 것을 한꺼번에 쏟아내는 것은 권하지 않는다. 자기 개방과 자기 보호의 균형을 잘 잡아야 한다. 특히, 경계가 없는 가정에서 성장한 경우 상대에게 철벽을 치다가 갑자기 자신의 모든 것을 와르르 쏟아내는 경우가 있다. 위험한 대상을 잘못 선택해서, 상처를 크게 받을 수 있으므로 유의해야 한다.

관계에는 시간과 정성이 필요하다. 역사가 쌓여야 한다. 하루 아침에 깊은 관계가 될 수 없다. 따라서 자기 개방의 정도를 1-2-3-4-5 단계로 순차적으로 깊이를 더해가며 친밀도를 높여가는 것이 중요하다. 단기간에 모든 것을 쏟아냈을 때 나만 상처받는 것이 아니라, 상대방도 당황하여 뒷걸음칠 수 있다. '왜 갑자기 이런 이야기를 나한테 하지?'라며 부담스러워할 가능성이 크다. 친밀감이 쌓이지 않았는데 쏟아낸 이야기들은, 상대방의 경계를 침범하는 행위가 될 수 있다.

자기 개방의 또 다른 형태로는 '관계에 대한 자기 개방'이 있다. "네가 그렇게 말할 때 서운했어.", "우리 사이가 멀어질까 봐 두려웠어." 이처럼 관계와 관련된 마음을 개방하는 데는 상당한 용기가 필요하다. 나의 마음을 표현해야 상대방이 이를 알고, 나의 욕구가 충족되는 방식으로 행동할 수 있다. 말하지 않고 알아주길 바라는 것은 아이 같은 마음이다. 우리는 이제 어른으로서 자신의 마음을 용기있게 드러내고 원하는 것을 요청할 수 있다.

수용하기

존재를 있는 그대로 수용받고자 하는 욕구는 인간의 대

표적인 욕구 중 하나다. 얼마나 이 '수용'에 대한 갈망이 큰지…. 상담을 하면서, 그리고 관계를 하면서 뼛속 깊이 느낀다. 나 역시 사랑하는 사람이 나를 그대로 받아들여주지 않는다고 느껴질 때 서럽고 화가 나며 무력감을 느낀다. 살아갈 힘이 나지 않는다. 그런데 세상은 이런 욕구를 쉽사리 채워주지 않는다. 사실 세상에게 수용받고 싶은 것은 욕심일 것이다. 다만, 한 명! 딱 한 명만 나를 알아주면 된다. 나를 있는 그대로 사랑스러운 눈으로 바라봐 주면, 우리의 마음은 사르르 풀리고 온몸에 충족감이 넘친다. 살아갈 에너지를 얻는다.

그렇기에 소중한 대상과 대화를 할 때 잘잘못을 가리거나 논쟁하는 것은 자제하는 것이 좋다. 우리는 모두 주관적인 경험 속에서 살고 있다. 같은 공간에 있다고 하더라도 그 공간에 있는 사람들의 체험은 모두 다르다. 따라서 어떤 상황에서 누가 100% 잘못했고 누가 100% 잘했다고 단정짓기 어렵다. 그 사람의 행동을 지적하고 판단하고 평가내리지 말자. 그것은 이미 세상에서 너무 자주 받는 대우다. 그 사람 자체를 받아들여 보는 마음으로 대화를 해보면 어떨까? 그리고 그 마음을 말로 전달해보는 것이다. 당신을 공감하고 있고 인정하고 있음을 말로 전달해야 상대방도 그것을 온전히 느낄 수 있다.

"너 성격에 오죽했으면 그렇게 화냈겠어.", "충분히 이해해. 정말 힘들었겠다."

누군가가 나를 수용해준다는 안전한 느낌을 경험할 때 비로소 나 자신이 될 수 있다. 누군가를 자신답게 살 수 있도록 내가 기여할 수 있다면 그 얼마나 멋진 일인가.

상대방을 소중하게 생각하기 때문에 공감보다는 조언이나 충고를 해주고 싶을 수 있다. 상대가 더 나은 방향으로 나아갈 수 있도록 해결책을 제시해주고 싶을 것이다. 그 마음 충분히 이해한다. 상황에 따라서 적절하게 쓴소리나 조언을 해줄 필요도 있다. 단 명심하자. 조언은 상대가 원할 때만 효력이 있다. 따라서 조언을 너무 하고 싶다면 상대방에게 조언을 원하는지 물어라. 상대방이 조언을 원한다고 동의할 때만 이야기하자. 받아들일 준비가 된 사람에게만 조언이 효력 있다는 점은, 살면서 매우 유용할 팁이 될 것이다.

상담의 기술을 배워보자

불행한 관계의 중심엔 의사소통의 어려움이 존재한다. 사람들이 심리상담을 찾는 이유 중 하나는 전심을 다해 들어주는 대상의 존재에 있지 않을까? 세상 사람들은 상담사처럼 당신의 이야기에 온 마음을 다해 귀 기울여 주지 않는다. 상담자가 되고자 하는 사람들은 상담의 이론뿐만 아니라 상담의 기술을 체계적으로 훈련받는다. 상담에서 내담자에게 어떻게 경청하고 공감할 것인지에 대한 수련을 받는다. 이런 상담 기법은 단지 상담실 안에서만 유용한 것이 아니다. 일상의 대화에도 상담 기법을 적용한다면 상당한 관계의 진전이 있을 것이라 본다 상담의 기법 몇 가지를 공유해보겠다.

1. 요약하기

상대방이 말한 내용과 생각을 정리해서 다시 전달하는 것을 '요약'이라고 한다. 이 과정은 상대방에게 '내가 당신의 이야기를 잘 듣고 있다'는 메시지를 전달하며, 상대방이 안심할 수 있게 만든다. 또한, 요약된 내용을 들으며 화자도 자신의 생각을 더 깊게 숙고해볼 수 있다.

예를 들어, 화자가 요약된 내용을 들으며 "아니, 내 말은 그 뜻이 아니라 ~야."라고 요약된 내용을 수정하여 서로가 동일한 내용을 이야기하고 있음을 점진적으로 조율해갈 수 있다. 생각보다 같은 이야기를 전혀 다른 시각으로 이해하는 경우가 많다. 요약을 통해, 서로의 이해한 바가 이리도 다르다는 것에 깜짝 놀라게 될 것이다. 이처럼 요약은 경청의 증거일 뿐만 아니라, 오해를 줄이고 대화의 정확도를 높이는 중요한 도구이다.

● **요약 예시**

"그건 ~처럼 들린다."
"내가 네 말을 들어보니, ~ 라고 말하는 것 같아."
"네가 ~했다는 거구나. 내가 이해한 게 맞아?"

2. 질문하기

대화를 잘 하는 사람은 개방형 질문에 능숙하다. 폐쇄형 질문은 주로 '예/아니오'로 답변이 제한되는 형식이지만, 개방형 질문은 답변이 제한되지 않아, 보다 풍부한 이야기를 이끌어낼 수 있는 질문 방식이다. 질문은 내가 당신에게 궁금해하고 있다는 것을 전달한다. 또한 화자가 자신의 마음에 대해 더 깊이 탐색하고 표현할 수 있도록 돕는다.

● 개방형 질문으로 대화하기 예시

친구 오늘 회사 동료 때문에 너무 짜증 났어!

나 아이고, 무슨 일이었는지 좀 더 들려줄 수 있어?
[개방형 질문]

친구 아니, 진짜 강강약약이라고. 윗 사람들에게는 얼마나 알랑방구를 뀌는지. 진짜 얄미워 죽겠네!

나 아 맞아 그런 사람 진짜 싫지. 털어내버리자!
[표면적으로 공감해버림으로써 이야기를 빨리 닫아버림]

친구 아…그치. 털어야지.

나(대안 반응) 음… 예를 들어 어떻게 알랑방구를 뀌는데? [개방형 질문]

친구 아니, 글쎄 오늘 팀장님 생신이었는데 자기 혼자서 생신 준비를 다 했더라고. 혼자서 이쁨받고 우리는 얼마나 민망해졌는지….

나 아 민망했겠다 진짜. 그 동료가 어떻게 하길 바랐던 거야? [개방형 질문]

친구 아니, 우리랑 상의라도 했으면 얼마나 좋았을까 싶어. 차별받는 거 정말 싫거든. [개방형 질문을 통해, 화자의 중요한 욕구(동등하게 대우받고 싶음)에 대해 이해할 수 있게 됨]

상대방은 당신과 이야기를 나누며, 단순히 감정을 털어놓는 데 그치지 않고 스스로를 잘 알게 되는 기쁨을 맛볼 것이다. 더불어 타인과 깊이 접촉하는 기쁨을 누릴 것이다. 접촉의 기쁨은 당신 또한 동일하게 느낄 것이며, 두 사람은 다음 번의 만남을 기대하게 될 것이다.

3. 반영하기

반영은 화자의 말과 행동 속에 내재된 내면 감정을 파악해 전달하는 것을 의미한다. 상대의 말을 깊이 몰입하면서 들어보자. 마치 내가 그 사람인 것처럼 상상하면서 듣다보면 그 사람의 감정이 어떨지 추측될 것이다. 이러한 추측된 감정을 언어로 전달하는 기법이 반영하기다. 예를 들어, 친구의 이별 이야기를 주의 깊게 경청하다가, "너 정말 마음이 공허할 것 같다."라고 반영해줄 수 있다.

감정은 언어적 내용뿐만 아니라 비언어적 행동을 통해서도 전달된다. 상대방의 비언어적인 행동에도 귀를 기울이자. 말하면서 입술이 파르르 떨린다거나, 눈에 눈물이 고인다거나, 말이 빨라진다거나. 여러 비언어적 표현을 통해 상대방의 감정을 느낄 수 있을 것이다. 친구가 말이 빨라지는 걸 보며 "아이고, 너 진짜 화 많이 났었나보다."라고 반영해주면, 상대는 자신이 이해받고 있다는 느낌을 받을 것이다. 게다가 당신과의 대화를 통해 상대는 자신의 감정을 더 잘 이해하는 경험을 하게 될 것이다.

8.2

잘 싸우기
(건강하게 갈등하기)

신체적으로 각성하면 대화를 멈추기

갈등 상황에서 상대가 대화를 중단하려고 할 때, 이를 거부하는 사람들이 종종 있다. 회피하지 말고 지금 문제는 지금 꼭 다 풀어야 한다고 주장하는 것이다. 그러나 이것이 순전히 나의 욕구, 나의 욕심이 아닌지 생각해보자. 상대를 위해서가 아니라 마음에 꽉 들어차 있는 감정과 긴장감을 해소하려는 욕구에서 비롯된 것은 아닐지 말이다. 건강한 관계를 위해서는 유연성이 가장 중요하다. 물론 갈등을 당장 해결할 수 있다면 가장 좋겠지만, 꼭 그 순간 모든 문제를 다 풀고 해결할 필요는 없다. 특히 서로의 감정이 격해진 상태에서 대화를 이어가면 문제를 해결하기는커녕 더 큰 상처를 남길 수 있다. 따라서, 갈등하는 와중에 신체적으로 각성이 되고 감정적으로 압도된다면 이야기를 중단하는 것이 좋다.

감정을 느낄 때, 나의 신체 감각을 가만히 관찰해보면, 다양한 신체 감각을 느낄 수 있을 것이다. 몸과 마음은 연결되어 있기 때문이다. 따라서 신체 감각의 변화를 순간순간 잘 자각하는 것이 중요하다. 초기에 이러한 신체 정보를 놓치게 되면, 점점 자율신경계는 각성하게 되고 감정을 조절하기 어려워진다. 이 과정에서 근육이 경직되고 호흡이 가빠지며, 뇌는 생존에 위협이 되는 상황이라고 잘못 판단한다. '몸이 이렇게 덜덜 떨리는 걸 보니, 생존에 위협이 되는 상황이구나!'라고 오해석하여 이성의 스위치를 꺼버리는 것이다. 생존 모드로 들어가버리면, 나를 지키기 위해 굉장히 공격적이거나 방어적, 회피적인 행동을 할 수 있다. 그리고 나중에 마음이 가라앉고 나면, '내가 왜 그때 그런 행동과 말을 했을까.'라며 후회하게 된다. 심지어, 그 순간에 했던 말과 행동조차 정확히 기억나지 않을 수도 있다.

신체가 각성되는 게 느껴진다면 감정이 크게 동요되고 있다는 증거이니, 이야기를 중단하고 잠시 휴식을 취하자. 잠깐 화장실을 다녀올 수도 있고 산책을 해볼 수도 있다. 그리고 호흡을 깊게 함으로써 몸을 이완시키는 데 집중하자. 점차 몸의 긴장이 풀리고 편안해지는 것을 발견할 수 있을 것이다. 정서가 진정이 된 후 다시 이야기를 시작하면 훨씬 더 내가 하고 싶은 말을 건강하게 전달할 수 있다. 이러한 중단의 시간은 20분, 2시간, 이틀이 될 수도 있다.

신체 각성의 신호

- 심장 두근거림
- 얼굴 화끈거림
- 주먹에 힘이 들어감
- 몸이 경직됨
- 속이 메스꺼움
- 가슴 답답함
- 이를 악 무는 등 턱에 힘이 들어감
- 호흡이 가빠짐
- 식은 땀
- 머리 어지러움 또는 멍함

나 전달법 사용하기

나 전달법(I-message)은 나의 감정, 생각, 욕구를 표현하는 방식으로 상대방을 비난하는 너 전달법(You-message)과 큰 차이가 있다. 너 전달법은 상대방의 동기나 행동, 성격을 비난한다.

> **너 전달법**
> 넌 정말 정신 나간 애구나. 제정신이면 어떻게 이렇게 허구한 날 술을 먹겠니? 네가 날 사랑한다면 이렇게 나와 한 약속을 무시하지 않았겠지!

이처럼 너 전달법은 상대에게 초점을 맞춘다. 이런 표현을 들은 상대방은 자신의 존재가 부정당한다는 느낌이 들면서 방어력을 높일 것이다. 자신이 잘못했다고 할지라도 과한 비난과 평가를 편안하게 받아들일 사람은 없다. 반면, 나 전달법은 자신의 마음에 대해서 진솔하게 표현하는 데 초점을 둔다.

> **나 전달법**
> 네가 3일 연속 술을 먹고 늦게 들어왔잖아.
> 나와의 약속을 존중하지 않는 것 같아 마음이 상했어.
> 서운하기도 했고.

나 전달법은 상대방의 감정과 생각을 존중하는 태도를 전제로 한다. 나의 마음에 초점을 두고 이야기를 하기에 상대방은 평가나 판단을 받는다는 느낌을 덜 받는다. 결과적으로 상대도 방어적인 태도를 내려놓고 나의 마음을 충분히 헤아릴 가능성이 높아진다.

욕구를 알아차리고 요청하기

기쁨과 행복은 내면의 욕구가 충족될 때 느껴지고, 슬픔과 분노는 내 안의 중요한 욕구가 좌절될 때 생긴다. 정리하면 다른 사람이 나에게 어떤 행동이나 말을 했기 때문에 내 마음이 슬픈 것이 아니라, 다른 사람의 행동이 나의 중요한 욕구를 좌절시켰기 때문에 슬픈 것이다.

- 다른 사람의 행동 ──────────────→ 슬픔(×)
- 다른 사람의 행동 ──→ **나의 욕구를 좌절시킴** ──→ 슬픔(○)

이 원리를 이해하면 나를 슬프게 한 상대방을 무작정 탓하기보다 나의 감정을 책임질 수 있다. 예를 들어, "저 사람의 행동 때문에 내가 이렇게 슬픈 거야."라고 말하기보다, "내게 이 욕구가 참 중요하기 때문에 저 사람의 행동이 이토록 슬프구나"라고 자신의 감정을 책임질 수 있는 것이다.

또한 자신이 무엇을 원하는 지를 알아차릴 수 있으면, 나에게 중요한 욕구를 충족시키는 방향으로 소통할 수 있고 요청할 수 있다. 내가 말하지 않아도 상대방이 내 마음을 읽고 행동해주길 바라지 말자.

참고: 욕구 단어

당신은 어떤 욕구가 중요한 사람인가요?
어떤 욕구가 충족되면 기쁨과 행복을 느끼나요? 어떤 욕구가 좌절되면 분노하고 슬퍼하나요? 아래 단어에서 나에게 **가장 중요한 욕구**를 3가지 골라보고, 왜 그 욕구 단어가 나에게 중요한지 작성해보세요.

의지	자유	지혜	용기	도전
부	배려	평안	휴식	관계
인정	건강	균형	인내	정의
성실	전문성	진실됨	소신	존경
봉사	창의성	치유	독립	매력
노력	열정	소속감	효율성	
선택	성취감	꿈	자신감	
자기계발	성찰	정직	책임감	
용서	희망	정리	소통	
우정	사랑	이해	공감	

(1) 욕구: _____

    중요한 이유: _____

    _____

(2) 욕구: _____

    중요한 이유: _____

    _____

(3) 욕구: _____

    중요한 이유: _____

    _____

자신의 욕구를 효과적으로 표현해서 원하는 것을 얻어도 내보자. 욕구를 표현하는 문장은 다음과 같다.

나는 _____ 필요해.
나는 _____ 원해.
나에겐 _____ 중요해.

> 최근에 내가 친구들 만날 때, 답장이 느리다고 네가 화냈었잖아. **나는 자유가 중요하기 때문에,** 내 시간을 존중받지 못할 때 답답함을 느껴.

내 마음을 알아주길 기다리지 말기

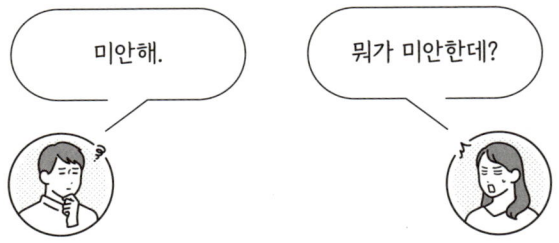

커플 사이에서 흔히 볼 수 있는 대화 패턴이다. 이 질문이 시작되면 무시무시한 대화의 서막이 열린다. 이 수수께

끼를 맞추지 못하면 큰 벌이 기다리고 있으니까. 이미 답은 정해져 있다. 그 답을 맞추지 못하면 온종일 연인의 냉대를 견뎌야 할 것이다.

이런 식으로 상대가 내 마음을 알아서 배려해주고 이해해주길 자꾸만 바란다면, 두 가지 이야기를 드리고 싶다. 첫째, 관계는 갑/을 관계가 아니다. 둘째, 상대가 내 마음을 알아주길 바라지 말자. 내 마음을 나도 잘 모르면서 타인이 내 마음을 투시해서 이해해주길 바란다면, 그것은 유아적인 마음이지 않을까? 내 마음이 어떤지 내가 직접 설명해주어야 상대방도 정확히 이해할 수 있다.

성숙한 대화란, 내가 하고자 하는 말을 진솔하게 전달할 수 있고 상대방의 말을 왜곡 없이 받아들일 수 있을 때 가능하다. 상대방이 내 마음을 알아주기를 수동적으로 기다리며 삐죽거리기보다, 하고자 하는 말을 능동적, 주체적으로 전달해 보는 연습을 해보면 어떨까? 이렇게 하면 상대방도 수수께끼를 맞추려 전전긍긍하지 않아도 되고 훨씬 더 평등한 관계가 될 수 있다. 갑인 관계가 멋있다고 생각할 수도 있겠지만 멋없다. 휘두르는 관계가 뭐 그리 멋있을까. 추가로, '을'의 입장에 놓인 사람도 자기 표현을 제대로 하지 못하고 상대가 알아주길 바랄 수 있다. 자신이 부족하다고 여겨 연인에게 100% 맞춰주고 수고한 자신을 알아주길 바라는 것이다. 그런데 표현을 했다가 관계가 흔들릴까 봐 마음을 적극적으로 표현하지 못하고 삐죽거린다. 이 역시도 관계에 도움이 되지 않는다. 적극적이고 주체적으로 자신이 바라는 것을 요청하는 자가 더 매력있으니까. 아! 마지막으로 하나 덧붙인다. 자신의 마음을 표현하는 것은 약한 것이나 지는 것이 아니다. 진솔하게 자신을 드러낼 수 있는 사람이 가장 단단하다.

사과하기

사과하는 것을 지는 것이라고 여겨 죽어도 사과를 안 하는 사람들이 있다. "나 원래 사과 잘 못해."라고 사귀기 시작할 때부터 미리 선언하기도 한다. 노력하고 변화할 수 있는 부분을 '원래 성격이 이렇다'며 못 박는 사람들이 많다. 사과를 잘 안 하는 사람은 자신이 언제나 옳다고 생각하는 경우가 많다. 타인보다 자신이 우월하다고 여기며 대화를 하기 때문에, 자신의 잘못을 인정하지 않는다. 이런 사람과 다투면, 결국 여러분은 '내가 잘못했네.'라는 말을 뱉게 될 것이다. 그렇지 않으면 이 다툼이 끝나지 않기 때문이다.

말 한마디로 천 냥 빚을 갚는다는 말에 공감한다. 마음이 풀려야 한다. 감정이 풀리지 않은 상태에서 이성적으로 논박한다고 갈등이 해소되지 않는다. 표면적으로는 갈등이 해소된 것처럼 보일지라도 상대의 마음이 대화를 통해 깊게 상했다면 그 이후로 관계가 크게 틀어질 수 있다. 겉으로 아무렇지 않은 것처럼 보여도, 마음의 문을 닫아버리는 계기가 될 수 있다. 우리 모두 미안한 부분을 표현하는 것에 더 관대해지면 좋겠다.

인격 깎아내리지 않기

부정적인 의사소통만 하지 않아도 반 이상은 간다. 인간은 긍정적 경험보다 부정적 경험을 더 오래 간직한다. 상대에게 상처를 주는 말은 오래도록 가슴에 남아, 이별의 씨앗이 된다. 나에게 소중한 연인, 친구, 가족에게 비수를 꽂지 않기를 바란다.

다툼 중에 상대방의 존재 자체를 부정하는 언어를 사용하는 경우가 흔히 있다. 이는 보통 자신이 공격받았다고 느껴 방어하려는 행동일 가능성이 크다. 또한, 강하게 말해야 상대가 변할 것이라는 착각에서 비롯되기도 한다. 어떤 이유에서든, 내가 듣고 싶지 않은 말은 상대에게도 하지 않는 게 좋다. 내 입에서 나오는 못난 말들은 결국 나의 격을 깎는 행위임을 명심하자.

인격을 깎아내리는 대화법

1. 라벨링
   예) "너는 애가 왜 이렇게 **이기적**이야?"
   → 상대의 행동이 아닌 성격 전체를 판단하는 방식

2. 과잉 일반화
   예) "너는 어떻게 **한 번도** 약속을 제대로 지킨 적이 없냐?"
   → 항상, 한 번도, 매번 같은 단어로 상대를 과도하게 일반화하고 평가하는 방식

3. 비교 평가
   예) "내가 진짜 이런 말 안하려고 했는데, **다른 애들이랑 연애할 땐** 이런 적 단 한 번도 없었어."
   → 다른 사람과 비교하며 상대를 깎아내리는 방식

과거 사건 끌고 오지 않기

과거에 있었던 모든 사건을 나열하면서 다툼을 크게 키우는 경우가 있다. 이미 사과하고 풀었다고 생각했던 내용을 다시 꺼내들면, 상대방은 현재 맥락에서 그 이야기가 왜 튀어나오는지 억울해할 것이다. 물론 비슷한 잘못이 반복된다고 느끼는 당신의 입장을 이해한다. 그렇지만 과거 사건을 끌고 왔을 때 나에게 이득이 되지 않는다는 점을 기억해 보면 좋겠다. "너는 매번 그랬어! 6개월 전에 기억 안 나?

그때도 그러더니, 이번에도 또 그러잖아!"라고 반응한 순간 상대방은 즉각적으로 자신이 공격받았다고 느낄 것이다. 이로 인해 상대방은 당신의 마음을 헤아리기보단, 자신을 지키는 데 급급할 것이다. 상대방도 같은 방식으로 방어하기 시작하면 상황은 더 악화된다. "야, 너는 안 그런 줄 알아? 너 100일 때 기억 안 나? 내로남불이야 아주." 이렇게 대화가 악순환으로 흘러간다. 결국 무엇 때문에 싸웠는지 촉발 사건은 기억도 나지 않은 채, 싸움이 너무 커져 서로에게 큰 상처만 남기게 된다.

차단하지 않기

대화를 하다가 마음이 상하면, 입을 꾹 닫아 본 적 있을 것이다. 눈도 마주치지 않고 내 앞에 있는 상대가 마치 없는 것처럼 차갑게 구는 것이다. 답장을 일부러 늦게 하거나 하지 않기도 한다. 이러한 행동은 상대방을 안절부절못하게 한다. 눈치를 보게 하며 동시에 화가 나게 만든다. 사실, 이런 대화 차단과 회피는 공격의 한 방식이다. 상대방에게 상처를 주기 위해 차갑게 대응하는 것이다. 차단은 상대에게 거절감 또는 수용되지 않는 느낌을 주므로 피하는 것이 좋다. 만약 내가 거리감을 두고 싶은 마음이 든다면, 그 마음을 자각하여 상대방에게 전달한 후 혼자만의 시간을 갖는 것을 추천한다.

차단하기	대안 반응
"아, 됐어! 그만 얘기할래. 나 그냥 집에 갈래."	"지금 내가 얘기를 계속하면 감정 조절이 잘 안될 것 같아. 조금 시간이 지난 뒤에 다시 이야기하고 싶은데 괜찮을까?"
상대방을 무시하며 눈을 마주치지 않음	"내가 지금 조금 예민해져서 부드럽게 대화하기 어렵네. 나중에 감정을 가라앉히고 이야기해도 될까?"

협박하지 않기

협박은 연인 사이에 많이 사용되는 부정적 의사소통 방식이다. '헤어지자'와 같은 마음에도 없는 말을 쉽게 뱉는 경우가 있다. 감정 조절이 어려워, 그 순간에는 정말 헤어지고 싶을 정도로 힘들어서 그 말을 뱉기도 한다. 또는 그 순간 강수를 두어서 내가 얼마나 힘든지 알리고 싶은 마음에서일 수도 있다. 그러나 이런 말은 상대방에게 '우리 관계'를 협박의 도구로 삼는다는 느낌을 줄 수밖에 없다. 또 다른 큰 문제는 한 번 '이별'이라는 단어가 등장하면, 상대방도 그 단어를 자주 떠올리게 된다는 점이다. 헤어지고 싶지 않아서 '이별'이라는 강수를 두는데, 나의 강수로 인해 이별은 점점 가까워진다. 핵심은 진솔함이다. 내 마음 그대로를 전달하면 된다. "네가 나랑 시간을 보내고 싶지 않아 하는 것 같아 속상하고 마음이 상해."라고 표현하면 될 것을, 그 마음을 표현하지 못해서 "이럴 거면 헤어지자."라고 뱉지 말았으면 한다.

소수긴 하지만 '죽음'을 가지고 협착하는 경우도 있다. '너 때문에 너무 힘들어. 죽어버릴 거야'라든지…. 이런 경우 상대방은 관계에서 불안감, 죄책감, 분노를 느끼기 때문에 그 관계는 끝날 수밖에 없다. 이런 협박성 말들이 조절되지 않는다고 판단된다면, 전문가의 도움을 받아 조절력을 길러보길 추천한다.

이기려고 하지 않기

갈등의 목적은 서로의 욕구를 이해하고 서로에게 득이 되는 결론을 도출하기 위함이다. 그런데 상대방을 이겨야만 직성이 풀리는 사람들이 있다. 친밀한 대상을 이겨서 내가 얻는 것은 무엇일까? 정말 강한 사람은 이기려는 데 집착하지 않는다.

우리는 주관적 세계에 살고 있다. 그 사람 입장에서는 그의 의견이 맞을 수 있고 내 입장에서는 내 입장이 맞을 수 있다. 따라서 다른 세계에 살고 있는 두 사람이 각자의 세계가 더 맞다고 싸울 이유가 없다. 두 세계 다 맞기 때문이다.

상대방을 찍어 누르려는 마음으로 지적인 논쟁을 하기보다는 어떻게 하면 갈등을 해결할 수 있을지 집중하며 대화를 해보자.

> **조심해야 할 문장**
> • 그건 틀렸어! • 에이~ 그건 아니지!

긍정 행동 강화하기

상대가 내가 바라는 좋은 행동을 했던 적이 있을 것이다. 그때 그 부분을 놓치지 않고 정적 강화를 해주는 게 좋다. 상대방이 의도적으로 노력해서 한 행동일 수도 있고 무심코 한 행동이었을 수도 있다. 그 행동이 의도였든 아니든 상관없이 "나는 네가 이렇게 행동을 해주니까 엄청 따뜻하게 느껴진다. 오늘 기분 너무 좋은데? 고마워."와 같이 담백하게 표현해보자. 상대방은 자신이 한 행동에 대해 인정받으면 만족감을 느끼고 그 행동을 더 자주할 가능성이 높아질 것이다.

상대방이 내가 원하는 행동을 했음에도 툴툴거리는 반응을 보이는 경우도 있다. 이전에 쌓인 부분이 많아서 상대방의 변화가 곱게 보이지 않는 것이다. "그전까지 한 번도 안 그러다 갑자기 왜 이래? 뭐 잘못 먹었니?"와 같은 비꼬는 반응을 하기도 한다. 상대방은 당신을 위해 애써서 자신이 익숙한 방식에 변화를 준 것이다. 그런데 돌아오는 반응은 냉소라면, 상대방은 노력에 대한 보상을 받지 못했다고 느끼며 힘이 쭉 빠질 수밖에 없다. 결국, 새로운 행동은 강화받지 못하고 원래 익숙한 방식으로 회구한다. 물론 쌓인 게 많아 상대방의 변화에 긍정적인 피드백을 주기 어려운 마음은 충분히 이해한다. 그렇지만 이러한 방식이 관계를 선순환 구조로 돌리는 데에 악수임을 이해하자.

감사 표현이 어색하거나 상대방의 장점을 발견하기 어려워하는 사람들에게 감사 일기 써보기를 추천한다. 하루 끝에 감사했던 점 3가지를 기록해보자. 일주일만 실천해도 점점 감사할 것들이 늘어나는 자신을 발견하게 될 것이다.

8.3

경계 세우기

너와 나는 하나가 아니다. 부모와 자식이라 할지라도, 죽고 못사는 연인 관계일지라도 마찬가지다. 너와 나는 분리된 객체이기 때문에 타인의 경계를 인식하고 존중해주어야 한다. 동시에 나의 경계를 설정하는 연습도 해야 한다.

거리감 조정의 실패는 많은 관계에서 어려움을 초래한다. 따라서 거리감을 어떻게 조정하는지를 배울 필요가 있다. 거리를 너무 좁히거나 거리를 너무 넓히는 것도 문제지만, 가장 큰 문제는 거리감을 유연하게 조정하지 못하는 것이다. 관계가 진전됨에 따라 한걸음 가까워지기도 하고 상황에 따라 한 발 뒤로 물러나는 것도 필요하다. 그런데 사람들은 하나의 패턴을 고수하는 것 같다. 누군가와 친밀해지면 어떤 상황에서든 하나가 되기를 소망하거나, 반대로 어떤 관계든 깊어지기를 힘들어하고 두려워하거나…. 그러나 관계는 춤과 같다. 상대의 속도와 동작을 보면서 내 마음을 살펴 순간순간 동작을 변화시켜 나가야 한다.

특특히 많은 사람이 상대에게 적절한 선을 그어야 하는 상황에서 어려움을 겪는다. 상대의 선 넘는 행동으로 인해 불편하고 불쾌한 감정들이 쌓이더라도 이를 인식하지 못하거나 대처하지 못하는 경우가 많다. 그러나 이러한 신호를 잘 인식하고 적절하게 선을 그어야 건강하고 오래 지속되는 관계를 유지할 수 있다. 하나의 상황을 상상해보자. 내일이 중요한 시험인데 친구가 우울하다며 함께 시간을 보내자고 한다. 작은 목소리로 "아 내일 시험이긴한데…"라고 말했지만 친구는 잠깐도 얘기를 못 하냐며 불러낸다. 친구가 우울한 상황인데 어떻게 거절하나 싶어, 결국 친구를 만나서 이야기를 들어주지만 마음 한편이 불편하고 짜증도 난다. 친구는 내가 내일 시험인 건 상관없다는 듯이 3시간 동안 자신의 이야기를 쏟아낸다. 결국 중요한 시험도 망쳐서 친구가 이기적이라는 생각에 원망이 커진다.

이럴 때 다음과 같이 말할 수 있다. "○○야, 네 상황은 충분히 이해되는데 내가 지금 나갈 수 있는 상황이 아니야.

통화로 20분 정도 가능한데 괜찮을까?" 나의 거절에 친구는 속상할 수 있겠지만 그건 엄밀히 말하면 친구가 스스로 처리해야 할 감정이다. 경계가 없기 때문에 친구의 감정까지도 책임져야 한다는 마음이 드는 것이다. 따라서 거절로 인해 생긴 불편한 마음은 내가 스스로 처리하고 친구도 거절당해 불편한 마음을 스스로 처리하도록 두자. 이렇게 대응을 하고 나면, 다음에 친구를 보았을 때도 마음이 편안하고 여유가 생겼을 때 기쁜 마음으로 충분히 친구와 시간을 보낼 수 있다. 이것이 관계가 오래 지속되는 비결이다.

선 긋기가 힘든가요?

선 긋기가 힘든 이유는 여러 가지가 있을 수 있다. 경계를 세웠을 때, 상대방이 실망하거나 떠나갈까 봐 두려운 마음, '나는 착한 사람이니까 거절하면 안 된다'는 고정관념, 친한 사이에서는 모든 것을 이해해주고 들어줘야 한다는 비합리적인 생각 등이 대표적이다.

특히, 거절을 잘 못하는 사람은 어린 시절부터 경계가 없는 환경에서 성장한 경우가 많다. 부모와 굉장히 밀착되거나 융합된 관계를 맺었을 가능성이 크다. 부모와 밀착된 관계를 맺고 있다는 게 무슨 의미일까? 어린 시절을 떠올려보자. 엄마의 기분에 따라 내 마음이 크게 동요했는가? 엄마의 힘든 직장 생활이나 부부 갈등, 혹은 시댁에 대한 불만을 자주 듣고 엄마의 편이 되어주었는가? 엄마를 '절대로' 실망시키고 싶지 않았는가? 모두 그렇다면, 당신은 유년기에 엄마와 밀착된 관계였을 것이다. 어린 아이는 엄마에게 선을 그었을 때 엄마가 실망하거나 슬퍼하거나 떠나갈까 봐 불안할 수 있다. 엄마를 사랑하는 아이는 엄마의 고민을 들어주며, 엄마의 심리적 부모가 된다. 이런 과정 안에서 엄마와 마음이 엉키게 되고, 아이는 엄마의 다양한 감정들을 자신이 처리해야 한다고 느끼게 된다. 결과적으로 이러한 경험은 성인이 된 후에도 경계를 설정하는 것을 낯설고 어렵게 만든다.

자, 어렸을 때 생존 법칙은 더 이상 현실에서 효용적이지 않다. 오히려 거절하지 못하고 경계를 설정하지 못함으로써 내 인생에 많은 문제가 생겨버렸다. 문제를 해결하기 위해, 당신이 선을 긋지 못하게 만드는 신념들을 하나씩 반박해보려고 한다.

1. 경계를 세웠을 때, 상대방이 실망할까 봐(떠나갈까 봐)

들어주지 않았을 때 상대방이 실망할 수는 있다. 그렇지만 그 실망까지 우리가 다 책임져줄 수는 없다. 상대방의 감정은 상대방이 처리해야 할 몫임을 기억하자. 만약 내가 거절했다고 해서 상대방이 나를 떠난다면? 그 관계는 나의 공간을 존중하지 않는 관계다. 나의 경계를 무시하는 사람에게 맞춰가며 관계를 이어갈 이유는 없다. 요청을 거절했다고 떠나갈 관계면 나도 아니올시다.

2. 나는 착한 사람이라는 고정관념

타인의 부탁을 거절 없이 모두 받아들이는 것이 진정으로 착한 사람인지에 대해 진지하게 고민해보면 좋겠다. 그리고 착한 사람이라는 이미지를 유지하기 위해 부탁을 받아들이는 것은 진정한 선의도 아니다. 결국 이러한 태도는 마음 안에 보상심리를 만들어내고 상대방에 대한 부정적 감정을 쌓게 한다. 이런 감정이 한계에 달했을 때, 관계를 갑작스레 끊어버리지는 않았는지 돌아보자.

우선 나에게 착한 사람이 되어보면 좋겠다. 아이러니하게도 나에게 착한 사람이 될 때, 나를 존중하는 법을 배우게 되고, 그 결과 타인도 진정으로 존중해줄 수 있게 된다.

3. 친한 사이에서는 모든 것을 이해해 주고 들어주어야 한다는 비합리적인 생각

친한 사이면 서로의 모든 것을 이해하고 들어주며 동일한 생각을 해야 한다는 것은 자웅동체가 되겠다는 것과 같다. 이런 추상적 개념에 사로잡히는 것은 성숙하지 않은 태도로 볼 수 있다. 어린 시절에는 부모를 완벽한 어른으로 지각하지만, 자라면서 부모도 부족한 점과 단점을 가진 인간이라는 사실을 깨닫게 된다. 종국에는 이런 단점이 있음에도 불구하고 존경하고 사랑하는 부모라는 통합적인 관점을 갖게 되는데, 이것이 어른이 되는 과정이다. 한 인간을 단면만 보고 악인이나 선인으로 극단적으로 판단하기보다 다양하고 모순적인 면을 포함한 전체적인 사람으로 이해할 수 있을 때, 비로소 현상에 대한 통합적인 이해가 가능하다고 본다. 이러한 통합적인 관점을 갖는 것은 한 인간의 성숙도를 판단하는 매우 중요한 지표다. 실제로 상담하다 보면 '항상 내 편이 되어주는', '언제나 내 곁에 있는 친구'와 같은 표현이 자주 등장한다. 이러한 '매번', '항상', '언제나'라는 단어들은 관계 속에서 과도한 기대를 나타낼 수 있기에 나는 내담자와 함께 그 표현들이 의미하는 바를 주의깊게 살피곤 한다. 그리고 그 부분의 변화에 초점을 둔다.

지금까지 선을 긋지 못하게 만드는 신념을 더 이상 가질 필요가 없음을 이야기했다. 이제 선을 어떻게 긋는지에 대한 질문이 남았을 것이다.

선 긋는 방법!

1) 분명하게 말해라

선을 긋는 가장 정석적인 방법은 분명하고 단호하게 말하는 것이다. 단호한 말하기는 화내는 것을 의미하지 않는다. 차분하면서도 확고하게 자신의 입장을 전달하면 된다. 말끝을 흐리거나 거절의 의사를 빙빙 돌려 말하지 않기를 바란다. 상대방은 그 틈을 타 한 발 더 다가올 수 있다.

"오늘은 시험이 있어서, 안 되겠다."
"나한테는 그런 이야기 하지 않았으면 좋겠어."
"아, 그때는 내가 일정이 있어서 어려울 것 같아."

2) 이유를 말해라

선을 그을 때 이유를 덧붙이는 것도 효과적인 방법이다. 특별한 이유가 아니더라도 이유를 덧붙이면 상대방이 거절을 더 편안하게 받아들인다. 그 이유가 꼭 진실일 필요는 없다. 여기서 잠깐, "거짓말을 어떻게 해요. 저는 내면과 행동이 일치하는 사람이란 말이에요."라고 반문할 수 있다. 그러나 이렇게 생각해보자. "너랑 만나는 시간이 따분하고 지겨워서, 만나고 싶지 않아."라고 100% 진실하게 말하는 것이 '선(善)'일까? 상황에 따라서는 "오늘 몸이 안 좋아서 못 만날 것 같아, 다음에 다시 시간 맞춰보자."라고 다른 이유를 간단히 덧붙이는 게 더 선의 아닐까?

3) 반복해서 말해라

거절의 의사를 표현했음에도 상대방이 반복해서 요청한다면, 이는 경계를 침범하고 있다는 증거다. 내 공간을 침범하지 말라는 의사를 명확히 전달해야 상대방도 물러설 것이다. 거절의 표현을 반복해서 이야기하면, 결국 상대도 결국 당신의 경계를 인식하게 될 것이다.

4) 다음을 기약하라

소중히 여기는 대상에게도 선을 그어야 하는 상황은 흔히 발생한다. 이런 경우, 다음을 기약하는 말을 덧붙여주는 것도 관계를 튼튼히 유지하는데 좋은 방법이다. 예를 들어, "오늘은 시험 준비 때문에 안 될 것 같아. 내가 3일 뒤면 좀 여유가 생길 것 같은데, 우리 3일 뒤에 만나는 건 어때?"라고 말해보자. 상대방은 오늘의 거절이 단순히 시험 때문임을 이해할 수 있고 마음도 덜 상할 것이다.

5) '생각해 볼게'라고 말해라

거절이 어려운 사람은 상대방과 마주한 상황에서 즉시 거절하기 부담스러워하는 경우가 많다. 따라서 우선 '생각해 볼게'라고 답을 하는 것을 추천한다. '생각해 볼게'는 즉각 직접적인 거절을 하지 않는 방식이기 때문에 비교적 쉽게 말할 수 있다. '생각해 볼게'가 자동적으로 나올 수 있도록 하루에 10번씩 읊조리자. 이 표현의 또 하나의 이점은 상대의 요청을 내가 들어주고 싶은지, 들어줄 수 있는지를 충분히 생각해 볼 '공간'을 준다는 것이다. 확보한 시간을 활용해 자신의 욕구에 맞는 적절한 결정을 내릴 수 있다.

8.4

잘 이별하기

결국 끊어내야 하는 관계가 있다. 예를 들어, 친구나 부모와의 관계는 '우리 끝내자.'라는 선언 없이도 거리를 두며 자연스럽게 멀어지는 경우가 대부분이다. 반면, 이별 선언은 주로 연인 사이에서 발생한다. 연애는 첫날부터, "우리 이제 그만하자"라는 마지막 날이 명확히 존재한다. 그래서 이번 챕터에서는 연애에 초점을 맞춰 이별해야 하는 상황과 판단 기준에 대해 이야기해보려 한다.

고통스러운 사람
가장 기본이 되는 기준이라고 생각한다. 함께 하는 시간이 고통스러운 연인과는 이별하는 게 맞다. 사랑은 편안하고 행복하고 즐거워야 한다. 사랑은 고통이 아니다. 만약 연애에서 극적인 감정이 주를 이루고 불안하고 슬프고 고통스러운 감정이 지배적이라면, 일단 한 번 브레이크를 걸고 고민해보면 좋겠다. 이게 사랑인가? 갈등 속에서 느끼는 긴장감과 관계 회복에서 오는 이완의 반복은 순간적으로 강렬한 감정을 만들어낸다. 이처럼 자극적이고 강렬한 패턴은 종종 사랑으로 착각되기 쉽다. 내 인생은 너무 귀하고 소중하다. 고통스러운 관계에 나를 계속 놓아두지 않길 바란다.

모양이 안 맞는 사람

'좋은 사람을 찾는 게 아니라 나와 모양이 맞는 사람을 찾아야 한다'는 연예인 이효리 씨의 이야기를 들으며, 고개를 끄덕거렸다. 나에게 중요한 핵심 욕구를 절대 충족시켜줄 수 없는 사람과의 관계는 불행할 가능성이 높다.

조율할 의지가 없는 사람

나에게 중요한 욕구가 무엇인지 이해할 의지조차 없는 사람이 있다. 이것이 더 큰 문제다. 모양이 안 맞을 순 있다. 우리 모두가 다른 모양을 갖고 있으니까. 다만 위에서 언급한 부분은 모양의 조합이 좋은 사람들이 존재한다는 것이다. 너무 다른 모양보다는 엇비슷한 모양들이 만나면 더 편안한 관계를 만들 수 있다는 뜻이다. 그러나 진짜 문제는 서로 다른 모양을 조율해갈 의지가 없는 경우다. 내가 누군지, 무엇을 중요하게 생각하는지, 어떤 사랑을 원하는지에 대해 이해할 생각이 없는 연인을 만난 적 있는가? 상대가 난 아무래도 상관없다는 식의 태도를 보이면, 그 연애는 비참해진다. 나만 상대의 모양에 맞추다가 결국 나 자신을 잃어버리게 된다.

행동 통제

세계보건기구(WHO)의 2010년 자료에 따르면 행동 통제는 데이트 폭력의 유형에 포함된다. 행동 통제는 상대의 일상 생활 전반을 간섭하고 통제하는 것을 말한다. 예를 들어 연인의 가족이나 친구 와 만남을 통제하거나, 옷차림이나 행동 등을 끊임없이 제한하고 확인하는 것이 포함된다. 상담에서 만나는 커플의 관계 양식을 살펴보면, 행동 통제를 사용하는 경우가 상당히 많다. 많은 이들은 연인이기 때문에 이러한 요구를 하는 것이 당연하다고 생각한다. 그러나 행동 통제는 파트너의 주체성, 결정권을 인정하지 않는 행위이다. 파트너를 무의식적으로 자신의 소유물로 간주하기 때문에 이런 행동이 나온다고 본다.

행동 통제가 지속되면 결국 사회적, 심리적으로 고립이 된다. 그리고 '나'라는 존재가 제대로 존중받지 못하는 관계를 오래 지속하다 보면, 결국 스스로가 손상될 수밖에 없다. 이런 데이트 폭력은 내가 의지하고 있는 애착 대상이 나를 가해한 것이기 때문에 더 큰 트라우마로 남는다. 만약 연인이 이런 특성들을 보이고, 교제 기간이 길어지고 있음에도 불구하고 이러한 통제가 더 강화되고 개선되지 않는다면 이별을 심각하게 고려해보길 바란다.

언행 불일치

말과 행동이 지나치게 모순된다면, 헤어짐을 고려해보자. 물론 사람이 항상 말과 행동이 일치할 수는 없다. 그러나 그 정도가 너무 지나친 경우에는 상대에게 무책임한 특성이 있다고 본다. 연인이 자신을 정말 사랑한다고 말하면서도 상황 때문에 이혼할 수 없다고 이야기하는 사례를 상담에서 종종 접한다. 이는 유부남, 유부녀의 달콤한 말에 속고 있는 것이다. 정말 사랑한다면 당신에게 그토록 상처주는 일을 할 수 없기 때문이다.

그래서 사랑이 어려운 것 같다. 실체를 봐야 하는데…. 사랑에 빠지면 눈이 먼다고 하지 않나. 그래서 실체를 보지 못하고 자신이 이상화한 안경을 끼고 믿고 싶은 대로 상대를 믿게 된다.

나를 평가절하하는 사람

나의 생각이나 가치관, 나의 성과에 대해서 연인이 사사건건 트집을 잡고 평가절하하는가? 위에서 나를 내려다보는 태도로 일관하지는 않는지 생각해보자. 연인관계는 선생님과 제자 사이가 아니다. 나의 존재와 가치에 대해 인정해 줄 수 있고 알아봐 줄 수 있는 사람이 곁에 있어야 행복하다. 애착 대상이 나를 존중하는 눈빛으로 바라볼 때, 우리는 안전한 기지가 있다고 느끼고 잠재력을 마음껏 발휘할 수 있다.

자신을 위한 도구로 이용하는 사람

공감 능력이 매우 부족하거나 결여된 사람이 있다. 이런 사람과 사랑을 하게 되면 착취당하거나 이용당하게 된다. 그들은 자신을 빛내줄 대상이자 자신의 공허함을 채워줄 도구로 연인을 사용한다. 이러한 관계는 본질적으로 얕고, 사랑의 깊이가 부족하다. 착취적인 관계는 후유증이 크게 남게 되므로 빠르게 정리하길 권한다.

사과하지 않고 책임을 전가하는 사람

모든 문제의 원인을 상대방 탓으로 돌리는 사람이 있다. 자신은 항상 정답이고 아무 잘못도 없다고 믿는다. 이런 사람은 자기 자신에 대해 부풀려서 지각하며, 타인이 자신으로 인해 얼마나 큰 상처를 입는지 잘 인식하지 못한다. 이들은 자신을 공감할 수 있지만 타인을 공감하기 어려워 한다. 이런 사람과 연애하는 경우, 다툴 때마다 모든 것이 내 잘못으로 끝나는 기이한 현상을 발견하게 될 것이다.

에필로그

나답게 사랑하고 살아가길

"관계가 사람을 치유한다."

상담의 대가인 얄롬이 상담 전에 항상 내뱉는 문장이라고 한다. 나 역시 이 말을 신념 삼아 사람들을 만나고 삶을 살아간다. 상담실에 오는 사람들 모두 관계와 관련된 상처와 고민이 있다. 출판사 편집자님으로부터 사랑에 관련된 글을 써보자는 연락이 왔을 때 마음이 동했던 이유는 사랑이 삶에서 가장 중요한 부분이라고 믿기 때문이었다.

관계는 우리의 삶을 이루는 근본적인 요소이며, 우리는 그 속에서 끊임없이 배우고 성장한다. 하지만 관계는 결코 완벽할 수 없다. 상처를 받기도 하고, 때로는 그 상처로 인해 성장한다. 이 책에서는 관계 안에서 겪을 수 있는 다양한 어려움을 어떻게 다루고 성장해 나갈지를 나누고자 했다.

나 역시, 사랑이 어려웠다. 사랑받는 것을 통해 나의 결핍을 메우려고도 했다. 사랑받는 순간에는 잠시나마 나의 가치가 올라간 듯 느껴졌다. 심리학을 공부하면서 나의 내면에 구멍이 있다는 걸 알게 되었고 20대 중후반이 되어서야 제대로 된 사랑을 시작하게 된 것 같다. 그 과정에서 사랑은 '주는 것'이고 줄수록 커지는 것임을 배웠다. 사랑은 헌신하고 전념하는 행위이며 큰 사랑을 내어줄수록 나의 그릇도 커진다는 것을 깨달았다.

반대로 사랑할 때 상대방에게 지나치게 의존하거나 집착하는 사람들은, 자신에게 조금 더 초점을 맞출 필요가 있다. 자신의 일, 세계를 더 확장시키길 바란다. 사랑을 준다라는 게, 나를 손상하면서까지 상대에게 맞춘다는 뜻은 아니다. 나를 소중히 여기는 마음을 키우자. 내가 소중한 만큼, 상대가 나를 함부로 쓰도록 내버려두지 않길 바란다.

이렇듯 사랑에도 균형이 중요하다. 자기중심성이 강한 사람은 좀 더 타인에게 관심을 가지고 공감할 수 있는 마음을 키워야 하며, 의존적인 사람은 홀로 설 수 있도록 자신을 더 사랑하고 단단하게 만들어가야 한다.

사랑은 연인 관계에만 국한되지 않는다. 타인과 세계와의 관계에서도 사랑이 필요하다. 연민과 관용, 친절한 마음으로 타인과 관계할 수 있다면 우리의 삶은 풍요로 가득 찰 것이다. 마음 그릇이 커질수록 나에 대한 사랑을 넘어, 나와 가장 가까운 이를 아끼고 곧 세계를 사랑하게 될 것이다.

이 책을 통해 지나온 유년기와 성장 과정에 대해 회고해 볼 수 있는 계기가 되었으면 한다. 자신의 유년기를 만나고 스스로를 이해하고 용서해주길…. 나의 어려움이 단지 나의 탓은 아니었다는 걸 알고 나를 꼭 껴안아주길 염원한다.

'이렇게 성장해온 나는, 그 행동이 최선일 수밖에 없었겠구나.'

스스로를 깊이 이해하고 위로하는 과정에서 앞으로 걸어 나갈 힘을 얻을 수 있을 것이다.

과거의 상처를 보듬어주었다면, 이제 관계로 인한 상처를 관계로 치유해 나가길 소망한다. 상담자, 친구, 부모, 연인 혹은 멘토와의 관계에서 치유적 경험을 해보길. 두려움에 움츠러들기에는 우리의 삶이 너무나 아깝다. 신발 끈을 다시 고쳐 매고 한 걸음씩 발을 내딛길 바라본다. 마지막으로, 사랑을 알려준 이들에게 감사의 마음을 전한다. 교류했던 크고 작은 이들 덕에 사랑을 배울 수 있었고 이렇게 글을 써내려갈 수 있었다. 그리고 영혼의 가장 깊은 곳으로 초대해 준 그간의 내담자분들께도 깊은 감사를 전한다.

당신과 당신의 소중한 사람들의 하루가 다정하고 사랑이 넘치기를. 당신의 사랑이 어제보다 오늘 더 당신답기를 바란다.

디자이너 바이유
바이유(by.U)는 북 디자인을 하는 디자인 스튜디오입니다.

에디터 하순영
머메이드의 도서를 기획, 편집합니다. 머메이드는 독자의 마음에 울림이 남는 콘텐츠를 만듭니다.
◎ mermaid.jpub

나 때문에 힘든 나에게
© 2025. 박지혜 All rights reserved.

1쇄 발행 2025년 5월 14일

지은이 박지혜
펴낸이 장성두
펴낸곳 머메이드
※ 머메이드는 주식회사 제이펍의 단행본 브랜드입니다.

출판신고 2021년 8월 12일 제2021-000123호
주소 경기도 파주시 회동길 159 3층
전화 070-8201-9010
팩스 02-6280-0405
홈페이지 mermaidbooks.kr
독자문의 mermaid.jpub@gmail.com

소통기획부 김정준, 이상복, 안수정, 박재인, 송영화, 김은미, 나준섭, 권유라
소통지원부 민지환, 이승환, 김정미, 서세원 / **디자인부** 이민숙, 최병찬

용지 에스에이치페이퍼 / **인쇄** 한승문화사 / **제본** 일진제책사
ISBN 979-11-990513-2-4 03180

값 18,800원

※ 이 책은 저작권법에 따라 보호를 받는 저작물이므로 무단 전재와 무단 복제를 금지하며,
  이 책 내용의 전부 또는 일부를 이용하려면 반드시 저작권자와 머메이드의 서면 동의를 받아야 합니다.
※ 잘못된 책은 구입하신 서점에서 바꾸어 드립니다.